RALF SOTSCHECK

Nichts gegen Engländer

Buch

Über den Engländer sind viele Klischees im Umlauf, und sie sind alle wahr: Er hängt an Traditionen; er ist so höflich, dass er sich sogar entschuldigt, wenn man ihm auf den Fuß tritt; er ist sportbesessen, was sich jedoch mehr oder weniger aufs Zuschauen beschränkt; er hält seine Insel für den Mittelpunkt der Welt und fühlt sich anderen Nationen überlegen; er hasst es, Emotionen zu zeigen; er hält Sex für eine ausländische Erfindung, kauft aber massenhaft die *Sun* mit ihrem nackten Seite-3-Mädel, und – völlig unverständlich – er findet die englische Küche mit ihren absurden, den Gaumen schädigenden Gerichten vorzüglich. Der Journalist und Autor Jeremy Paxman – der es wissen muss – schrieb gar in seinem Buch »The English«, dass die Engländer stets Wärmflaschen an Stelle eines Sexuallebens hatten: »Wie sie sich vermehrten, war eins der Mysterien der westlichen Welt.«

Ralf Sotscheck ist England-Korrespondent der *taz* und somit ein großer Kenner dieses komischen Volkes. In seinem höchst unterhaltsamen, erfrischend unkorrekten Buch weiht er den Leser ein in Geheimnisse und Absurditäten des englischen Lebensstils – für Englandreisende und Daheimbleibende eine gleichermaßen amüsante Lektüre.

Die Illustrationen zu dem Band stammen aus der Feder von © TOM.

Autor

Ralf Sotscheck, geboren 1954, lebt seit 1985 in Dublin und ist irischer Staatsbürger. Er arbeitet als England-Korrespondent für die *taz*. Seine Spezialgebiete sind BSE und das schwarze Gold der Iren – das Guinness.

Ralf Sotscheck

Nichts gegen Engländer

Psychogramm eines merkwürdigen Volkes

GOLDMANN

Die Originalausgabe erschien 2008 unter dem Titel
»Nicht gegen Engländer«
bei Edition Tiamat, Verlag Klaus Bittermann, Berlin.

FSC
Mix
Produktgruppe aus vorbildlich
bewirtschafteten Wäldern und
anderen kontrollierten Herkünften

Zert.-Nr. SGS-COC-001940
www.fsc.org
© 1996 Forest Stewardship Council

Verlagsgruppe Random House FSC-DEU-0100
Das FSC-zertifizierte Papier *Holmen Book Cream* für dieses Buch
liefert Holmen Paper, Hallstavik, Schweden.

2. Auflage
Taschenbuchausgabe November 2009
Wilhelm Goldmann Verlag, München,
in der Verlagsgruppe Random House GmbH

Umschlaggestaltung: UNO Werbeagentur, München
Umschlagmotiv: Fine Pic, München
mb · Herstellung: Str./JR
Druck und Bindung: GGP Media GmbH, Pößneck
Made in Germany
ISBN 978-3-442-47215-4

www.goldmann-verlag.de

Inhalt

Ein eigentümliches Volk

Der Engländer an sich
Eine Vorbemerkung

Über den Engländer sind viele Klischees im Umlauf, und sie sind alle wahr: Er hängt an Traditionen; er ist so höflich, dass er sich sogar entschuldigt, wenn man ihm auf den Fuß tritt; er ist sportbesessen, was sich jedoch mehr oder weniger aufs Zuschauen beschränkt; er hält seine Insel für den Mittelpunkt der Welt und fühlt sich anderen Nationen überlegen; er hasst es, Emotionen zu zeigen; er hält Sex für eine ausländische Erfindung, kauft aber massenhaft die *Sun* mit ihrem nackten Seite-3-Mädel; er findet die englische Küche mit ihren absurden, den Gaumen schädigenden Gerichten vorzüglich.

Bleiben wir gleich beim kulinarischen Schrecken. In der neolithischen englischen Küche galt gebratener Igel als Spezialität. Das Buch »Prehistoric Cooking« von Jacqui Wood enthält ein Rezept: »Man schneide dem Igel die Kehle durch, senge die Stacheln ab und nehme ihn aus. Dann binde man ihn zusammen wie eine Junghenne und wickle ihn in ein Tuch, bis er sehr trocken ist. Dann röste man ihn. Falls sich der Igel zusammenrollt, lege man ihn in heißes Wasser. Dann macht er sich von selbst gerade.«

In 6000 Jahren hat sich die englische Küche nicht viel weiterentwickelt. Zwar rösten sie die Igel nicht mehr, aber heutzutage gibt es Kartoffelchips, das englische Nationalgericht, mit Igelgeschmack. Nur in England bekommt man in einem indischen Restaurant Pommes Frites mit Currysauce. Und nur ein Engländer würde so etwas essen.

Schon Asterix ist daran gescheitert, die traditionellen Ess- und Trinkgewohnheiten der Insulaner zu verstehen. Als er mit Obelix bei den Briten war, verzweifelten die beiden Gallier daran, dass die Gastgeber um Punkt 17 Uhr mitten in der Schlacht alles stehen und liegen ließen, um sich ein Tässchen Tee zu genehmigen – beziehungsweise eine Tasse heißes Wasser mit einem Tropfen Milch, denn Tee hatten sie damals noch nicht. Den lernten sie erst im Zeitalter des Kolonialismus kennen und lieben. Allerdings behielten sie den unsäglichen Brauch bei und ruinieren ihn mit einem Tropfen Milch.

Die Tradition des Fünf-Uhr-Tees, der wichtiger ist als jede Schlacht, hat ebenfalls überdauert. Im November 1944 wurde ein deutscher Jude, der in die USA geflohen und dort in die Armee eingetreten war, in den Niederlanden abgesetzt. Dort traf er auf eine englische Panzereinheit. In jedem Panzer brannte ein

Licht. Als er näher kam, bemerkte er, dass es sich um Stövchen handelte, auf denen die Soldaten ihren Tee kochten. Ob er närrisch sei, fragte er den englischen Kommandanten: »Die Deutschen sehen euch doch.« Der Engländer antwortete: »Es ist fünf Uhr. Wir trinken um diese Zeit Tee, und ich gebe einen Dreck auf die Deutschen.«

Mit dieser Einstellung haben sie auch die Normannen zur Strecke gebracht. Deren Invasion war zwar zunächst recht erfolgreich, doch die Engländer ignorierten sie und ihre Bräuche. Im Laufe der Jahrhunderte wurden die Normannen langsam, aber sicher zu Engländern. Norman ist längst ein beliebter englischer Vorname. Ohnehin glaubt der Engländer, dass alle Ausländer so sein wollen wie er. Wenn er Ausländer überhaupt wahrnimmt. Der venezianische Botschafter Andrea Travisana schrieb 1497: »Sie glauben nicht, dass es andere Menschen als sie selbst oder eine andere Welt als England gibt. Wenn sie einen attraktiven Ausländer sehen, sagen sie, dass er wie ein Engländer aussehe, oder sie bedauern, dass er kein Engländer sei.«

Das hat allerdings nichts mit Xenophobie zu tun. Antony Miall und David Milsted schreiben in ihrem Buch »The Xenophobe's Guide To The English«, dass es sich um Xenopilie handle – Mitleid mit Ausländern, weil sie das Unglück haben, nicht englisch zu sein. Der Imperialist Cecil Rhodes sagte einmal: »Als Engländer geboren zu werden ist der erste Preis in der Lotterie des Lebens.« Zwar gehört Großbritannien zur

Europäischen Union, aber Engländer und ihre Medien halten das für ein nationales Unglück. Was aus Brüssel kommt, kann nicht gut sein. Ihr Pfund Sterling, ihre Meile, den Pint und die Unze haben sie bis heute verteidigt, weil sie die Maßeinheiten mit nationaler Identität verwechseln. Wenn ein Engländer auf das europäische Festland fährt, sagt er: »Ich fahre nach Europa.« Unvergessen auch die Schlagzeile einer Boulevardzeitung: »Nebel im Ärmelkanal - der Kontinent ist abgeschnitten.«

Was den Engländer an den Südeuropäern abstößt, ist deren Hang zu Emotionen. Ein Engländer hingegen behält in allen Lebenslagen eine steife Oberlippe, denn ihr Zittern könnte Erregung oder gar Gefühle verraten. Und die sind tabu. Englische Badezimmer sind ein ungemütlicher Ort, denn zu viel Komfort könnte zu unüberlegten Handlungen verführen. In Dublin stand ein Junkie vor Gericht, weil er den Tod seiner Freundin, die an einer Heroinüberdosis gestorben war, erst nach zwei Tagen gemeldet hatte. Er habe nicht bemerkt, dass sie gestorben war, rechtfertigte er sich. Aber er hatte doch Sex mit der Toten, entgegnete der Richter. Da müsse ihm doch ihr Ableben aufgefallen sein. »Sie war nie sehr lebendig im Bett«, erklärte der Junkie. »Sie war Engländerin.« Der Richter hatte Verständnis und sprach ihn frei.

Jeremy Paxman schrieb in seinem Buch »The English«, dass die Engländer stets Wärmflaschen an Stelle eines Sexuallebens hatten: »Wie sie sich vermehrten, war eins der Mysterien der westlichen Welt.« Stattdessen taten sie ohne zu murren ihre Pflicht. »Meine Güte, ich habe mein Bein verloren«, sagte der Graf von Uxbridge, nachdem ihn in der Schlacht von Waterloo eine Kanonenkugel getroffen hatte. »Meine Güte, das hast du tatsächlich«, antwortete der Herzog von Wellington.

Weil er Körperkontakt hasst, hat der Engländer eine bestimmte Umgangsform verinnerlicht: das Schlange stehen. »Wenn ein Engländer alleine an einer Bushaltestelle wartet, bildet er eine ordentliche Schlange von einer Person«, beobachtete der Ungar George Mikes, der über 50 Jahre in England gelebt hatte, bis er 1987 in Alter von 75 Jahren starb. »Am Wochenende stellt sich der Engländer an der Bushaltestelle an, fährt nach Richmond und stellt sich an der Dampferanlegestelle an. Dann stellt er sich für eine Tasse Tee an, danach stellt er sich für eine Tüte Eiscreme an, dann stellt er sich aus Spaß bei anderen Schlangen an, bis er sich wieder an der Bushaltestelle anstellt, um nach Hause zu fahren. Er hat einen höchst vergnüglichen Tag verbracht. Manch englische Familie verbringt nette Abende zu Hause, indem sie sich ein paar Stunden lang anstellt. Die Eltern sind jedes Mal traurig, wenn die Kinder eine Schlange bilden, um ins Bett zu gehen.«

Selbst wenn es um die Ersparnisse eines ganzen Lebens geht, steht man geduldig Schlange. Als der Hypothekenbank Northern Rock im Herbst 2007 der Bankrott drohte, versuchten die verschreckten Sparer, ihr Geld zu retten. »Wenn das eine Panik war, dann war sie zutiefst britisch«, stellte der *Daily Telegraph* zufrieden fest. »Ordentliche Schlangen, Klappstühle, vernünftiges Schuhwerk. Es war nicht wie in den letzten Tagen der Weimarer Republik. Stattdessen versammelten sich Tausende von Northern-Rock-Kunden, viele von ihnen pensioniert, geordnet vor den Filialen im ganzen Land.«

Der Engländer hält sich für höflich, gesetzestreu, tolerant, anständig, großzügig, galant, unerschütterlich und fair. Mag sein. Aber er ist auch heuchlerisch, arrogant, exzentrisch und skurril. Ich liebe England und die Engländer.

Mad Dogs And Englishmen

Der Engländer und seine Freizeitbeschäftigungen

TOAST
BEAN
©TOM

Der Engländer an sich ist ein geräuschvolles Volk. Vor allem, wenn er trinkt. Der Richter Charles Harris beklagte, seine Landsleute seien so schlecht erzogen, dass sie keine akzeptablen Mengen an Alkohol wie anderswo in Europa - außer in Irland - zu sich nehmen können. »Je mehr es zu trinken gibt und je mehr Zeit sie dafür haben, desto mehr werden sie trinken«, schrieb er in einem Gutachten über die Folgen der verlängerten Sperrstunde in England. »Eine Gallone ist normal, zwölf Pints keine Seltenheit. Und diese Mengen an Bier werden mit diversen Schnäpsen verdünnt. Die Lage ist ernst, wenn nicht sogar grotesk. Es grenzt an Wahnsinn, die Gelegenheit zu trinken noch auszudehnen. Es bedeutet, dass unsere Innenstädte jede Nacht Banden von kampflustigen, besoffenen, lärmenden und kotzenden Flegeln überlassen werden.«

Das typische Geräusch für eine englische Kleinstadt in einer beliebigen Samstagnacht sei das Reihern eines Trunkenboldes. In einer Studie ist es zum widerwärtigsten Geräusch der Welt erklärt worden. Akustik-Professor Trevor Cox von der Universität Salford hat das Ergebnis seiner einjährigen Untersuchung veröffentlicht. Er hat 1,1 Millionen Menschen befragt, um herauszufinden, warum bestimmte Geräusche so anstößig sind.

Bei der Verkündung des Ergebnisses demonstrierte ein Schauspieler den Sound des Übergebens mit Hilfe eines Eimers gebackener Bohnen.

Der brechende Engländer verwies den Zahnarztbohrer, das brüllende Baby, den Brunftschrei einer Katze, das Klingeln eines Handys und die Rückkopplung eines Mikrofons auf die Plätze. Schnarchen landete sogar nur auf dem 26. von 34 Plätzen. Hoch im Kurs der Ekelgeräusche stand dagegen das Kreischen einer Eisenbahn auf den Schienen. Das ist aufgrund der veralteten Bahnanlagen ein speziell englisches Problem. Dabei können die Engländer seit der Bahnprivatisierung froh sein, wenn die Züge überhaupt noch fahren.

Cox hatte eigentlich erwartet, dass das Quietschen eines Fingernagels auf einer Schiefertafel ganz oben rangieren würde, da es einen historischen Reflex auslöse: Das Geräusch ähnelt dem Schrei von Affen, die ihre Artgenossen vor Gefahr warnen wollen. Aber die Befragten empfanden es nicht schlimmer als das Hochziehen von Rotz oder das Zerknautschen von Styropor.

Die meisten Geräusche sind für Frauen unerträglicher als für Männer, lediglich bei lärmenden Babys gaben die Männer Höchstnoten in der Skala des Grauens. Auch das Alter spielt offenbar eine Rolle: Der Zahnarztbohrer ist für unter Zehnjährige und für Menschen zwischen 40 und 50 besonders unangenehm, weil sie in dem Alter ständig damit in Berührung kommen.

Was ist der Sinn der Umfrage? »Vom wissenschaftlichen Standpunkt aus verstehen wir eigentlich gar nicht, warum manche Geräusche so schrecklich sind«, sagt Cox. »Wenn wir herausfinden, was die Leute stört, können wir Wissenschaftler die betreffenden Geräusche in manchen Fällen vielleicht eliminieren.« Ein guter Plan. Aber es ist vermutlich illegal, Millionen von Engländern zwischen 12 und 30, die an den Wochenenden die Bürgersteige vollkotzen, zu eliminieren.

Ebenso unangenehm wie brechende Engländer ist ihr Wetter. Dennoch reden sie sehr gerne darüber. Aber es trifft sie immer wieder unverhofft. Der Engländer läuft stets unbeschirmt durch den Regen, denn er rechnet trotz täglicher Belehrung eines Besseren nicht mit einem Schauer. Und erst recht nicht mit einer Hitzewelle. 2006 wurde der heißeste Julitag aller Zeiten gemessen – 36,3 Grad, das sind 0,3 Grad mehr als 1911 in Epsom.

Die britische Presse berichtete darüber wie aus einem Krieg. Vor allem die Boulevardpresse lief zur Hochform auf. Ob *Mail*, *Mirror* oder *Sun* – überall noch mehr spärlich bekleidete Damen als sonst.

Londons Busfahrern hingegen drohte die Entlassung, falls sie in kurzen Hosen zur Arbeit erschienen. Dabei herrschten in den Bussen Temperaturen von 52 Grad, empörte sich die *Sun*: »Das ist fast doppelt so viel, wie beim Rindertransport als Höchstwert zugelassen ist.«

Aber selbst Rinder, die nicht Bus fahren, drehten durch. In Dorset wurde eine Herde von einem Fliegenschwarm verrückt gemacht und trampelte bei einer Stampede einen Jogger nieder. Einen Jogger? Da bewahrheitet sich mal wieder das Sprichwort, wonach sich nur verrückte Kühe und Engländer hinaus in die Mittagssonne begeben. Im Originalsprichwort geht es um verrückte Hunde.

Die *Daily Mail* warnte vor einem anderen Phänomen. »Innerhalb einer Viertelstunde ist ein Bier so warm wie Badewasser«, schrieb das Blatt. Wie günstig! So trinkt es der Engländer doch am liebsten. Die *Sun* wies mit glühenden Bäckchen auf die Gefahr hin, dass Menschen bei lebendigem Leib geröstet werden könnten. »Wenn die Körpertemperatur 43-44 Grad erreicht, werden die Organe gekocht«, zitierte das Blatt den Medizinprofessor Bill Keatinge. »Das Hirn ist am ehesten betroffen. Es wird wie ein Ei gegart. Es kann danach nie mehr in seinen ursprünglichen Zustand versetzt werden. Das Kochen geht ganz schnell und richtet ungeheuren Schaden an.« Wie man an der *Sun*-Leserschaft unschwer erkennen kann. Das Blatt hatte einen Fotowettbewerb ausgerufen: Für das verschwitzteste Foto konnte man eine Reise nach Island gewinnen.

Auch der *Guardian*, der sich 2005 nicht nur vom Format her boulevardisiert hat, wollte von seinen Lesern Fotos und Geschichten rund um die Hitze haben. Ein gewisser Glurk fand die Temperaturen großartig: »Alle stinken nach Schweiß, da falle ich nicht weiter auf.« Archibald Strang berichtete, er habe sich ein Hemd mit Dutzenden kleiner Taschen nähen lassen, in die er Eiswürfel steckt. Und Little Jo schrieb: »Vor zwei Jahren war ich während einer Hitzewelle in Frankreich. Dort starben viele Omas. Die Leichenhallen waren überfüllt, weil die Verwandten zu geizig waren, ihren Urlaub abzubrechen und die Omas zu beerdigen.«

Apropos Oma: Auch die Queen meldete sich zu Wort. Sie beklagte, dass der Rasen vor dem Buckingham Palace nicht gesprengt worden sei. Man sollte die Gärtnereiabteilung von al-Qaida beauftragen. Die könnte gleich den ganzen Palast sprengen.

Die britische Regierung riet der Nation, sie möge die Sonne meiden und viel Flüssigkeit zu sich nehmen. Oha, welch fundamentale Erkenntnis. Der Rat kommt allerdings zu spät. Die Kabinettshirne sind längst gargekocht. Man sollte sie mit warmem Bier servieren.

Das gilt auch für die Hirne der Angestellten bei Morgan Stanley. Die US-amerikanische Investment-Bank, die in Großbritannien eine Werbekampagne für ihre Platin-Kreditkarten führte, befürchtete, dass man die Bank mit einer Katze verwechseln könnte. Sie erhob Klage gegen die Baronin Penelope Cat of Nash, die eine Internetseite unter dem Namen mymorganstanleyplatinum.com angemeldet hat.

Die Bank hatte nachgeforscht, wer sich hinter der dubiosen Baronin verbirgt. Es stellte sich heraus, dass die Adlige als zweiten Vornamen »Miau« sowie als Adresse eine Scheune bei Tenbury Wells in Worcestershire angegeben hatte.

Morgan Stanley rief den Vermittlungsausschuss zu Hilfe, der bei Internet-Streitigkeiten eingreift. Der entschied, dass eine Katze keine Domain registrieren lassen kann.

Der Vermittler Richard Hill begründete das recht einleuchtend: »Es ist wohlbekannt, dass eine Katze ein Raubtier ist, das vor langer Zeit domestiziert wurde.« Er fügte hinzu: »Es ist gleichermaßen wohlbekannt, dass eine Katze weder sprechen, noch schreiben kann. Entweder handelt es sich bei der Beschuldigten um eine besondere Art von Katze, wie jene aus dem Film ›Die Katze aus dem Weltraum‹, oder die Angaben der Katze, eine Katze zu sein, sind inkorrekt.« Falls es sich bei der Katze tatsächlich um ein außerirdisches Wesen handle, hätte das auf dem Antrag vermerkt werden müssen, um unnötige Verblüffung beim Vermittler zu vermeiden, schrieb der Vermittler.

Die Katze hatte laut Antrag einen Michael Woods bevollmächtigt, die Domain zu nutzen. Woods ist Firmenberater. Sein Spezialgebiet sind Vorträge vor Managern über die Notwendigkeit, offensichtliche Domain-Namen registrieren zu lassen, damit man keine böse Überraschung erlebt. Woods hatte zwei Jahre zuvor bereits den Domänennamen »Morganstanley.com« angemeldet. Das genehmigte der Vermittler Hill: Woods sei schließlich ein Mensch. Doch wenn eine außerirdische Katze verschweige, dass sie außerirdisch sei, habe sie offenbar etwas zu verbergen. Deshalb bekam die Bank in diesem Fall Recht. Andernfalls hätte die Gefahr bestanden, dass jemand Geld abheben will und stattdessen mit einer Katze nach Hause kommt.

Oder schlimmer noch: mit einem Catfish – zu deutsch: Wels. Auch bei diesem Tier muss man mit Namen vorsichtig sein. Sharron Killahena aus Poole in Dorset hatte ihren zwanzig Zentimeter langen Catfish leichtfertig »Kipper« getauft, was »Räucherhering« bedeutet. Ein durchaus passender Name, wie sich herausstellte. Als Kipper mal wieder im Aquarium herumtobte, löste das Spritzwasser einen Kurzschluss in der Aquariumsbeleuchtung aus, die überhitzte, so dass der Deckel schmolz.

Das heiße Plastik tropfte auf die Couch, die Feuer fing. Eine halbe Stunde später war das gesamte Haus niedergebrannt. Killahena und ihre beiden Kinder konnten sich in letzter Minute retten und wurden mit Rauchvergiftung ins Krankenhaus eingeliefert. Kipper hatte weniger Glück: Er wurde zum Räucherfisch. Wie gut, dass sie das nasse Tier nicht »Killer« getauft hatte.

Oder steckte etwa ein Versicherungsbetrug dahinter? Es war zumindest eine grandiose Ausrede, aber darin sind die Engländer ohnehin Weltmeister. Die Erklärungen der privatisierten Eisenbahngesellschaften für das Chaos, das sie täglich anrichten, sind reizend: verbogene Schienen wegen der tropischen englischen Sommer, auf feuchtem Laub ausglitschende Züge im Herbst und die falsche Sorte Schnee im Winter. Im Grunde kann man lediglich im Frühjahr gefahrlos mit der Bahn fahren. Obwohl dann mit der Frühjahrsmüdigkeit der Lokomotivführer zu rechnen ist.

Mindestens ebenso phantasievoll sind die Ausreden für das Versagen englischer Sportler. Monty Python hat bereits vor mehr als 20 Jahren einen Sketch darüber gemacht. Es ging dabei um einen Schweizer Schiedsrichter bei einem Spiel der englischen Nationalmannschaft. Bei jedem Gegentor, das die Engländer kassierten, mutierte der Schweizer – zunächst zu einem an der deutschen Grenze wohnenden Schweizer, dann zu einem Deutsch-Schweizer, zu einem Deutschen und beim 0:4 zu einem Nazi. Dabei war es ein Schweizer, Gottfried Dienst, der den Engländern beim Endspiel 1966 gegen die Bundesrepublik Deutschland ein irreguläres Tor zuerkannt hat. Aber lassen wir das Thema.

Bei Schwimmwettkämpfen, bei denen man stets froh ist, wenn die englischen Teilnehmer nicht ertrinken, ist das zu harte Wasser schuld. Die englischen Radfahrer bei der Tour de France haben minderwertige Luft in ihren Rädern. Und bei Autorennen geben die Reifenhersteller der Konkurrenz immer die gute Ware und speisen die Engländer mit Ausschuss ab.

Den Preis für die abstruseste Ausrede hat sich jedoch die Tenniszunft verdient. Die englischen Spieler versagen seit Jahrzehnten bei internationalen Tennisturnieren, weil sie mit den falschen Bällen üben, sagte der Kapitän des englischen Daviscup-Teams, Jeremy Bates. Dass man darauf nicht früher gekommen ist! Die Bälle der Firma Slazenger, die seit mehr als hundert Jahren beim legendären Wimbledon-Turnier benutzt werden, fliegen laut Bates anders als andere Bälle, denn sie sind langsamer und schwerer – sie sind sozusagen die Medizinbälle der Tenniswelt. Um sie überhaupt über das Netz zu bringen, muss der Schläger weicher gespannt werden, damit sich der Spieler nicht den Arm bricht. Weil die Engländer an das Trumm gewöhnt sind, wundern sie sich natürlich, wenn ihnen im Ausland die federleichten Bälle um die Ohren zischen.

Der Wimbledon-Club hat die Bälle vor zehn Jahren noch schwerer gemacht, damit die Ballwechsel länger dauern und man für das Zeitlupen-Tennis mehr Geld von den Fernsehanstalten kassieren kann. »Der Ball ist steinhart«, sagt Bates. »Für mich ist es jedes Mal eine Freude, wenn ich mit etwas anderem spielen darf.« Mit einer elektrischen Eisenbahn vielleicht? Die bahntauglichen Ausreden hat er ja bereits parat. Bates verlangt nun die gleichen Bälle wie der Rest der Welt. Die Funktionäre haben angeblich eingelenkt. Slazenger gab dagegen bekannt, dass der englische Verband mehr schwere Bälle als je zuvor bestellt habe. Eine Frage bleibt offen: Wenn die Engländer als Einzige an die übergewichtige Kugel gewöhnt sind, warum gewinnen sie dann nicht jedes Jahr das Wimbledon-Turnier?

Stattdessen erfinden sie lieber neue Sportarten, um die nationale Moral zu heben. Beim Moorschnorcheln und beim Käsewettlauf ist der Engländer unschlagbar, und der völlig sinnlose Dauerlauf am Rand von Hauptverkehrsstraßen hat auch vor England nicht haltgemacht. Ulkigerweise hat ihr Freizeitvergnügen einen traditionell deutschen Namen: »Jogging«.

Doch die Engländer würden ihrem Ruf nicht gerecht, hätten sie nicht auch hier eine perversere Variante zu bieten. Wer in Wessex ahnungslos durch die Wälder läuft, könnte unverhofft einem Hasen begegnen – allerdings einem zweibeinigen mit aufgeschnallten, braunen Schlappohren. Das ist ein Grund zur Beunruhigung, gehört der falsche Hase doch mit Sicherheit einem Team von Verrückten an, die regelmäßig Jagden organisieren. Die Regeln sind denkbar einfach: Drei Leute, denen der Sinn für Peinlichkeit längst abhandengekommen ist, setzen sich die langen Ohren auf und legen für ein Rudel »Hunde« eine Fährte aus Sägespänen. Die Köter, die in Wahrheit nicht minder verrückte Zweibeiner sind und pausenlos »on on« bellen, hetzen hinter den »Hasen« durch Wasser, Wald und Wiese her, um sie zu fangen.

Die Jagd auf falsche Hasen ist übrigens keineswegs eine neue Erfindung, Engländer waren auch früher schon exzentrisch. Bereits Ende der dreißiger Jahre flitzten schlappohrige Kolonialherren – gefolgt von bellenden Aristokraten – durch die Wälder Malaysias, um sich die Langeweile zu vertreiben. Die Kolonialisten trafen sich im Selangor Club, den sie »Hash House« tauften – nicht etwa wegen gemeinsamen Drogenmissbrauchs, sondern wegen des Kantinenfraßes, der hauptsächlich aus Gehacktem, also Hash, bestand. Noch heute heißen die Hasenjagdclubs »Hash House Harriers«. Davon gibt es weltweit mehr als tausend, die meisten davon in Malaysia und den USA, aber auch im Gorki Park von Moskau, wo sich das britische Botschaftspersonal der Hasenhatz verschrieben hat.

In England sind 93 Vereine registriert. Freilich stößt ihr bizarrer Freizeitspaß nicht überall auf Verständnis. Die blauen Papierschnipsel, die dem Sägemehl beigemischt sind, um die Fährte deutlicher zu machen, haben des öfteren das Misstrauen der Bevölkerung erregt. Manchmal fegen Leute das Zeug einfach weg, weil sie es für Rattengift halten. In Dorset beschlagnahmte das Landratsamt gar die gesamte Fährte, um sie im Labor untersuchen zu lassen. Eine Zeitung hatte nämlich am Vortag mit der Schlagzeile aufgemacht: »Hundekiller treiben ihr Unwesen.«

Nichts liegt den Haschhäuslern jedoch ferner, als irgendjemandem ein Leid zuzufügen. »Das Ganze ist ein großartiger Gleichmacher«, sagt der 75-jährige Rentner Phil Davies. »Wir haben Taxifahrer und Anwälte, Arbeitslose und Botschafter, aber wir sind alle gleich.« Die friedliche Jagd ist vermutlich das einzige Wettrennen, bei dem die Schnellsten und die Langsamsten gleichzeitig ins Ziel kommen, weil Kurzatmige Abkürzungen nehmen dürfen. Das Ziel ist stets eine Kneipe. »Hashing« sei eine Spülung des Geistes, sagt der Großmeister der »Wessex Hash House Harriers«. Mindestens ebenso wichtig ist ihnen die gemeinsame Spülung von Hunde- und Hasennieren im Pub nach der Hatz.

Auch mit Rosskastanien treibt der Engländer exzentrische Spielchen. Sie haben eine Meisterschaft rund um die Kapselfrucht erfunden. In Ashton in Northamptonshire gibt es seit 1964 die Weltmeisterschaften im

»Conkers«, wie die Kastanien genannt werden. Eigentlich wollten die Stammgäste der Dorfkneipe damals angeln gehen, aber das Wetter war so miserabel, dass sie stattdessen Rosskastanien zerschlugen.

Das Spiel gibt es, seit die Kastanie im 16. Jahrhundert aus dem Balkan eingeschleppt wurde – sehr zur Freude der Schnecke übrigens, denn bis dahin benutzte man Schneckenhäuser für das Spiel. Die Regeln sind einfach: Man bohrt ein Loch in die Kastanie und zieht eine Schnur hindurch, die am Ende verknotet wird.

Der Verteidiger hält seine Kastanie mit ruhiger Hand in eine Höhe, die der Angreifer bestimmen darf. Der hat drei Versuche, um das gegnerische Spielgerät mit der eigenen Kastanie zu zerschmettern. Wenn einer der beiden Spieler seine Kastanie fallen lässt, kann der Gegner »stampfen« rufen und die Kastanie zertreten – es sei denn, der kastanienlose Spieler brüllt vorher »nicht stampfen«.

Der Ex-Weltmeister Chris Jones erklärte seine Taktik: »Genauigkeit ist wichtiger als Kraft, denn ein kräftiger Schlag kann deine eigene Kastanie beschädigen. Ich schlage stets von oben nach unten, dann trifft man besser als bei einem Hieb von der Seite.« Es gibt viele Tricks, um die Kastanien zu härten: Man kann sie backen, lackieren oder in Essig einlegen. Der zweifache Weltmeister Charlie Bray hat einen anderen Trick: Er verfüttert seine Kastanie an ein Schwein und wartet, bis sie wieder ausgeschieden wird. Bei Weltmeisterschaften ist das verboten.

John Hadman, Clubsekretär in Ashton, erklärte

Conkers so: »Ein Spiel für zwei Personen, und es steckt voller Aggression. Die normale Reaktion ist es, beim Angriff zusammenzuzucken, aber das ist gegen die Regeln. Am besten schließt man die Augen und denkt an England.« Aber bloß nicht an Wimbledon und die schweren Bälle.

Ebenso wenig, wie der Engländer mit Tennisbällen fertig wird, schafft er es, Alltagsprobleme zu bewältigen. Frank zum Beispiel. Es war nicht sein Tag. Am Morgen wollte er eine Tüte Milch öffnen, um ein paar Tropfen davon in seinen Kaffee zu schütten, aber das Tetrapack ließ sich nicht so einfach bezwingen. Als er endlich seinen Zeigefinger in die kleine Öffnung gebohrt hatte, rutschte er ab und goss sich einen Liter Milch über die Hose. Beim Versuch, der weißen Dusche auszuweichen, warf er die Kaffeetasse um.

Nachdem Frank sich umgezogen hatte, klingelte der Postbote und brachte ihm ein Päckchen von einem Musikversand: die nicht mehr ganz so neue und deshalb herabgesetzte CD von U2. Frank fand den Zipfel des Bändchens nicht, mit dem man die Zellophanhülle aufreißen konnte, und rückte der Verpackung mit einem Messer zu Leibe. Dabei brach der Deckel der CD-Box am Scharnier ab, und die CD fiel auf den Fußboden. Frank beobachtete ungläubig, wie die Scheibe durch die Küche rollte und im Abflussgitter hinter der Waschmaschine verschwand. Was danach geschah, weiß ich nicht, da Frank mich hinauswarf, nachdem ich erklärt hatte, dass diese grässliche Band aus Dublin nun an ihrem Bestimmungsort angekommen sei.

Frank ist nicht ungeschickter als andere Engländer. Er hat, wie die meisten seiner Landsleute, lediglich Schwierigkeiten mit Objekten des täglichen Bedarfs. Ein paar clevere Geschäftsleute haben das ausgenutzt und das Unternehmen »User Vision« gegründet, das die Benutzerfreundlichkeit von Produkten untersucht und sich von den Herstellern dafür gut bezahlen lässt. Weit oben auf der Liste der Frustobjekte stehen Digitalkameras, gefolgt von Auto-Kindersitzen und Mobiltelefonen. Ein Unternehmen hat bereits darauf reagiert und ein Handy auf den Markt gebracht, mit dem man weder fotografieren noch sich rasieren, sondern lediglich telefonieren kann.

Aber auch Dosenöffner, Waschmaschinen und Einwegwindeln treiben den Engländer zur Weißglut – ebenso wie Klebeband, bei dem nur die wenigsten der Testpersonen das Ende der Rolle fanden. Überraschenderweise stellte es die meisten auch vor eine unlösbare Aufgabe, ein Osterei auszuwickeln. Möglicherweise muss der Osterhase dafür büßen, denn Gewehre gehören nicht zu den Objekten, mit denen der Engländer seine Schwierigkeiten hat.

Am Abend schaute ich noch einmal bei Frank vorbei. Die CD hatte er aus dem Abfluss befreit, musste dazu aber das einzementierte Abflussgitter mit einem Schlagbohrer zerstückeln. Weil das eine Weile dauerte, hatte er den Videorecorder eingeschaltet, um seine Lieblingssendung aufzunehmen. Als er sie ansehen wollte, stellte er fest, dass er versehentlich einen Dokumentarfilm über Schönheitsreparaturen an einem Einfamilienhaus aufgenommen hatte. Das sei typisch englisch, meinte ich: »User Vision« habe herausgefunden, dass die Engländer den Videorecorder zum schwierigsten Objekt im Haushalt gewählt haben. Millionen seiner Landsleute würden jetzt beim Tapezieren eines Einfamilienhauses zusehen, weil sie das Gerät falsch bedient haben, erklärte ich Frank, bevor er mich erneut vor die Tür setzte.

Aber eins kann der Engländer: Großbritannien ist das Land der Wichser. So hoffte jedenfalls das Centre for Sex and Culture. Die in San Francisco beheimatete Organisation veranstaltete in London ein »Wankathon« und hatte dazu aufgerufen, massenhaft zum Masturbationsmarathon in die Drop Studios in der Clerkenwell Road zu kommen – für einen wohltätigen Zweck.

Jeder Teilnehmer und jede Teilnehmerin sollte sich Sponsoren suchen, die das Massenonanieren bezuschussen. Normalerweise sammeln Schulkinder auf diese Weise Geld für einen guten Zweck – natürlich nicht fürs Masturbieren. Sie lassen sich von den Nachbarn und Verwandten die Zusage für eine Spende geben, wenn sie im Freibad zehn Bahnen schwimmen oder in den Bergen fünf Kilometer laufen. Meistens geht das Geld an irgendwelche kirchlichen Organisationen. Mit dem »Wankathon« will der Klerus freilich nichts zu tun haben, die Marie-Stopes-Klinik dafür um so lieber. »Es ist vollkommen richtig, dass wir uns mit dieser risiko- und folgenlosen sexuellen Aktivität assoziieren«, begrüßte die Familienplanungsklinik das Ereignis.

In dem Aufruf hieß es zweideutig: »Kommt für einen guten Zeck.« In den Drop Studios gab es weiches Licht, weiche Möbel, entspannende Musik sowie drei Zonen: eine für Frauen, eine für Männer und eine gemischte Zone. Jede Zone enthielt auch Einzelwichserzellen für scheue Teilnehmer, die aber nicht beim offiziellen Wettbewerb mitmachen können. Wer die meisten Orgasmen hatte, und wer am längsten masturbieren konnte, bekam einen Preis – vermutlich eine Armbinde und einen Hund, denn Wichsen soll ja blind machen. Als Trostpreis wurde wohl eine Brille vergeben.

Die Regeln waren streng: Pro Stunde waren höchstens fünf Minuten Atempause – oder wie immer man es nennen möchte – erlaubt. Der bisherige Rekord stand bei achteinhalb Stunden. Diese Zeit konnte jedoch niemand überbieten: Das »Wankathon« dauerte von 14 bis 22 Uhr, also lediglich acht Stunden. Der Marathon der anderen Art wurde für *Channel 4* aufgezeichnet. Offenbar hatte man sich bei dem unabhängigen Fernsehsender mit dem Thema angefreundet. Der Unterhaltungsredakteur Andrew MacKenzie erklärte, dass man eine kleine Serie daraus machen werde: »Die Woche der Wichser«.

MacKenzie, der 2005 die »Penis-Woche« veranstaltet hatte, sagte: »Das sind genau die provokanten Programme, die *Channel 4* nachts um elf ausstrahlen sollte. Viele Menschen masturbieren, aber nicht so viele reden darüber.« Die Produktionsfirma Zig Zag fügte in einer Presseerklärung hinzu: »Es wird Zeit, dass wir herausfinden, ob die Oberlippe das einzige ist, das in Großbritannien steif sein darf.« Er dementierte, dass eine Folge der dreiteiligen Serie »Woche der Wichser« den damaligen Premierminister Tony Blair beim Regieren zeigen sollte.

Kaninchenmonster, schwule Pferde und explodierende Würstchen

Der Engländer und seine Küche

©TOM

Als Tier hat man in Großbritannien nichts zu lachen. Die Insel gilt als Erfinderin aller Tierseuchen. Man denke an das Virus, das ganze Bienenvölker dahinraffte, oder an das große Froschsterben, bei dem den Viechern die Beine ausfielen, bevor sie platzten – von Hühnerpest, Maul- und Klauenseuche sowie Rinderwahn ganz zu schweigen. Dennoch reagierten die Briten panisch, als nach dem Bau des Kanaltunnels bis dahin unbekannte Spinnenarten aus Frankreich herübergekrochen kamen. Die Achtfüßer hatten vermutlich die Orientierung verloren, sonst wären sie nicht freiwillig zu Fuß ins Tiervernichtungsland marschiert.

Den ersten Fall von Vogelgrippe, der bei einem Schwan in Schottland diagnostiziert wurde, nahm man dagegen gelassen hin. David King, wissenschaftlicher Berater der Regierung, sagte, Großbritannien sei auf die Seuche besser vorbereitet als jedes andere Land der Welt, weil man jede Menge Erfahrung mit Tierkrankheiten habe. »Ein toter Schwan ist keine Krise«, sagte King. Ein 2.500 Quadratkilometer großes Gebiet um den toten Schwan herum wurde dennoch zur Risikozone erklärt. Die Regierung verhängte ein Versammlungsverbot für Vögel.

Vielleicht ist für die Tiere aber doch die Stunde der Rache gekommen. In Northumberland zittert man vor einem Riesenkaninchen. Das langohrige Ungeheuer soll eine ganze Kleingartenkolonie in dem kleinen Dorf Felton abgeerntet haben, schreibt der *Guardian*. Die Schrebergärtner haben zwei schwerbewaffnete Nachtwächter angeheuert, die das schwarzbraune Großwild erschießen sollen. »Ich habe seine Fußabdrücke gesehen, und sie sind enorm«, sagt der 17-jährige Brian Cadman, einer der beiden Jäger. »Ich kann es kaum abwarten, ihm ein Ende zu bereiten.«

Es versteckt sich tagsüber in seiner Höhle, doch nachts verspeist es Karotten, Runkelrüben und Kohlköpfe. In einer einzigen Nacht soll es ein ganzes Zwiebelfeld vertilgt haben. Ein gigantisches Kaninchen mit gigantischen Blähungen dürfte eigentlich nicht so schwer zu finden sein.

Das Karnickel habe Füße so groß wie die eines Hundes, behauptet der *Guardian*. In der *Sun*, das wundert einen nicht, sind die Füße noch viel größer. Das Boulevardblatt fühlt sich an den Wallace-and-Gromit-Film erinnert. »The Curse of the Were-Rabbitt«, der Streifen über ein stattliches, Kleingärtnergemüse raubendes Karnickel, sei lediglich ein Film gewesen, entsetzt sich das Blatt: »Jetzt haben wir es mit der Realität zu tun.« Die *Sun* zitiert den 63-jährigen Jeff Smith, der das Were-Wesen als Erster gesehen hat. »Das ist kein normales Kaninchen«, sagt er. »Das ist ein Monster.« Die Füße seien so groß wie die eines Hirsches, die Ohren so lang wie die Beine von Claudia Schiffer, wobei eins länger ist als das andere – der Ohren, nicht der Schiffer'schen Beine. Große Füße, große Ohren? Handelt es sich womöglich um Prinz Charles, der sich für seine Kinder als Osterhase verkleidet hat?

Pferde sind den Briten dagegen heilig, schließlich hält die Queen einen ganzen Rennstall davon. Und sie sind sensibel, meint die englische Polizei. Nachdem der 21-jährige Sam Brown aus Belfast sein bestandenes Examen in einem Wirtshaus in Oxford gefeiert hatte, traf er in der Haupteinkaufsstraße der Universitätsstadt auf eine berittene Polizeistreife. »Entschuldigen Sie bitte«, sprach er einen der Beamten höflich an. »Wissen Sie eigentlich, dass Ihr Pferd schwul ist?« Dem Pferd habe die Bemerkung nichts ausgemacht, berichtete die *Times*, wohl aber dem Reiter. Im Nu war Brown von einem Dutzend Polizisten umringt, die den verdutzten Studenten festnahmen. Er musste die Nacht in einer Zelle verbringen und sollte am nächsten Tag 80 Pfund Geldstrafe zahlen, weil er eine schwulenfeindliche Bemerkung gemacht habe, die »beunruhigend und beleidigend« gewesen sei – für den Polizisten. Weil Brown sich weigerte, ging die Sache vor Gericht. Das Verfahren wurde eingestellt. Es gebe nicht genügend Beweise, dass Browns Verhalten aufrührerisch war, urteilte der Richter.

Wenigstens isst der Engländer keine Pferde, schon gar keine schwulen, und er ertränkt sie nicht, wie die armen Lämmer, in Pfefferminzsauce. Dafür isst er ganz andere Sachen. Wenn der Engländer den Mund aufmacht, entströmt ihm eine Wolke von abgestandenem Fett und ranzigem Käse. Das liegt an seinen ulkigen

Essgewohnheiten. Er verspeist Unmengen von Kartoffelchips, die er »Crisps« nennt.

Während man in zivilisierten Ländern Weinproben macht, vergleicht der Engländer die Qualität seiner Kartoffelchips. Der *Guardian* hat einmal einen Restaurantkritiker, einen Chefkoch und einen Chemiker zum »crisp tasting« gebeten. Letzterer konnte zumindest die Zutaten identifizieren. Die Chips bestehen hauptsächlich aus Unmengen Salz, ungesättigten Fettsäuren und Monosodium Glutamat. Ein 34-Gramm-Beutel enthält 184 Kalorien. Von diesem Zeug essen die Engländer mehr als 300.000 Tonnen im Jahr.

Dabei sind sie eigentlich eine US-amerikanische Erfindung. Dem Indianerhäuptling George Crum, der in einem Restaurant in New York arbeitete, ging 1853 ein betrunkener Gast auf die Nerven, weil er die angeblich zu dicken Pommes frites drei Mal zurückgehen ließ. Crum, so berichtet der *Guardian*, schabte schließlich hauchdünne Kartoffelscheibchen, wälzte sie in Salz und briet sie.

Was als Rache an einem renitenten Gast gedacht war, trat in England einen Siegeszug an. Der endgültige Durchbruch gelang den Chips während des Zweiten Weltkriegs, denn Kartoffeln waren nicht rationiert. Ein Herr Walker aus Leicester gab damals seine Schweineschlächterei auf und begann, Kartoffelchips zu schnitzen. In den neunziger Jahren engagierte Walker den ehemaligen Fußballnationalspieler Gary Lineker.

Danach schnellte der Verkauf um 114 Millionen Päckchen im Jahr in die Höhe. Zwei Drittel aller englischen Schulkinder essen Kartoffelchips zum Lunch, und wegen Lineker sind es meistens Walker's.

Der Konkurrent Golden Wonder hatte 1963 Chips mit Käse-und-Zwiebel-Geschmack auf den Markt gebracht. Seitdem durchzieht ein Geruch wie genetisch modifiziertes Altöl die englischen Pubs. Die Konkurrenz versuchte es mit anderen Geschmacksrichtungen wie Worcestershire Sauce, Schinken, Essig und Igel. Jawohl: Igel. Doch Käse und Zwiebel blieb der Favorit der Nation.

Dennoch musste Golden Wonder Konkurs anmelden. Es wirkte sich neben Lineker nachteilig für die Firma aus, dass der Engländer in Ermangelung einer Esskultur den Kartoffelchip zur Gourmet-Mahlzeit erhob. Dreiste Kartoffelbräter bieten das Produkt inzwischen in den Geschmacksrichtungen Salsa, Krabbencocktail oder Thai Chili an, geben ihm Balsamico und Meersalz bei und verlangen umgerechnet 1,50 Euro für das Tütchen.

Aber Kartoffelabfälle lassen sich nun mal nicht veredeln, da hilft auch kein törichtes Rezept eines Kochbuchautors. James Martin, der das Werk »Easy British Food« verfasst hat, empfiehlt, eine Banane und Kartoffelchips zwischen zwei Scheiben Weißbrot zu geben und das ganze mit den Handflächen zu zerquetschen. Das ist easy, zugegeben. Noch einfacher ist es, die Crisps auf dem Boden zu verstreuen und sie mit den Schuhen zu zerquetschen, während man die Banane isst.

Zum Fünf-Uhr-Tee hingegen isst der Engländer einen Keks. Aber selbst dafür braucht er eine Anleitung. Dr. Len Fisher von der University of Bristol hat im Auftrag einer Keksfirma monatelang geübt, wie man am besten einen Keks in den Tee tunkt, ohne dass er aufweicht und zerbröselt. Das Ergebnis ist auf der Homepage »Die Unmoralische« beschrieben: »Der durchschnittliche Porendurchmesser eines Biskuits entspricht dem Vierfachen der Viskosität des Tees, multipliziert mit der Höhe, bis zu der die Flüssigkeit steigt, zum Quadrat, dividiert durch die Oberflächenspannung des Tees und multipliziert mit der Zeitspanne, die der Biskuit getunkt wird.«

Für mathematische Versager hat Fisher eine Tabelle mit den Eintunkzeiten für sämtliche englischen Kekse aufgestellt. Offenbar ist so mancher Engländer aber tunkunfähig, so dass die Wissenschaftlerin den Prototypen eines Kekseintunkhalters entwickelt und zum Patent angemeldet hat. Dabei sollte das Londoner Patentamt Anfang der zwanziger Jahre des vorigen Jahrhunderts geschlossen werden, weil nach Meinung der Regierung bereits alles, was dem Menschen nützlich sein könnte, erfunden war.

Würste, zum Beispiel. Die wurden von den Römern erfunden und nach England eingeschleppt, wo sie flugs zum Leibgericht wurden. Samstag ist Würstchentag. An keinem anderen Wochentag verspeist der Engländer mehr gestopfte Därme. Allerdings essen fünf Millionen Inselbewohner sogar täglich Würstchen. Das heißt, jedes Jahr kommen 1,7 Milliarden Mal Würste auf den Tisch, insgesamt 175.000 Tonnen im Wert von 530 Millionen Pfund. Damit liegen die Engländer zwar hinter den Deutschen, aber sie machen viel mehr Gedöns um den Albtraum mit Zipfeln.

Sie nennen ihn seit dem Zweiten Weltkrieg liebevoll »banger«, also »Knaller«, weil die Würste mit so viel Wasser gefüllt waren, dass sie in der Pfanne explodierten. Natürlich kommt auch die längste Wurst der Welt aus Großbritannien. Sie wurde 2000 in Sheffield hergestellt – ein Ungetüm von mehr als 57 Kilometern Länge und einem Gewicht von 16 Tonnen. Da braucht der Engländer viel von seiner anderen Spezialität, warmem Dünnbier, um diese Wurstmasse herunterzuspülen. England ist das einzige europäische Land, in dem der Alkoholverbrauch steigt. Im Schnitt schluckt jeder Inselbewohner 11,37 Liter reinen Alkohol im Jahr. Wenn man das auf das englische Bier umrechnet, kommt eine unvorstellbare Menge an Flüssigkeit zusammen.

Die Engländer wählen die Wurst des Jahres, sie küren eine Wurstkönigin, sie haben eine Internetseite, www.sausagelinks.co.uk, auf der die neuesten Nachrichten über diese kulinarische Absonderlichkeit verkündet werden, und sie feiern jedes Jahr eine Wurstwoche. Die wird vom Britischen Schweinerat organisiert. Damit ist nicht die Regierung gemeint, sondern der Verband, dem Schweinezüchter und Wurstindustrie angehören.

In der Wurstwoche werden allerlei Aktivitäten rund um die Wurst für Kinder angeboten, damit die Kleinen frühzeitig an das Nationalgericht herangeführt werden. Doch nun ist ein Schatten auf den Stolz der britischen Küche gefallen. Die Wurstaktivistin Sue Nelson hat zum Boykott der Feierlichkeiten aufgerufen. Sie behauptet, dass die meisten britischen Würstchen so armselig seien, dass sie sich nicht Würstchen nennen dürften. »Den Leuten muss endlich klar werden, dass billige Industriewürstchen Scheiße sind«, findet Nelson. Ja, glauben die Briten denn tatsächlich, dass die schlaffen Massenprodukte, die sich in den Supermärkten stapeln, aus gehacktem Schweinefilet bestehen?

Ein Blick auf die Zutatenliste, die allemal länger als ein Durchschnittswürstchen ist, müsste sie eines Besseren belehren. »In manchen Würstchen sind nur 25 Prozent richtiges Fleisch enthalten«, sagt Nelson, »der Rest besteht aus einer Mischung von Wasser, Schweinefett, Kartoffelstärke, konzentriertem Sojaprotein, Natrium und Koschenille.« Letzteres ist ein Farbstoff, den man aus der Koschenille-Schildlaus gewinnt. Für ein Kilo Farbstoff müssen 150.000 Läuse zerquetscht werden.

Nelson ist keineswegs eine Wurstverächterin, im Gegenteil. »Eine echte Wurst ist ein Objekt von unsagbarer Schönheit.« Die solle man sich aber lieber beim Fleischer des Vertrauens besorgen. Vor betrügerischen Würstchen schütze auch die Plakette der Fleischkommission – eine schweinchenfarbene Rosette mit Union Jack – nicht, meint Nelson. »Ich weiß nicht, warum Nelson das tut«, ereifert sich Wurstproduzent Tim Barkey. »Sie gefährdet einen ganzen Industriezweig.«

Der hat aber bereits einen neuen Kundenkreis entdeckt. Als die Chinesen das neue Jahr einläuteten – das Jahr des Schweins, wie britische Fleischer erfreut feststellten –, legten sie für die chinesischen Einwanderer Sonderwurstschichten ein.

Nicht nur bei der Wurst, sondern auch bei der Schokolade haben Engländer eine eigenwillige Vorliebe. Aufgrund der Gnade der späten Geburt muss ich keine Dankbarkeit heucheln: Ich gehöre nicht zu der Generation, der nach dem Krieg von britischen Soldaten eine Tafel Cadbury als Schokolade angedreht wurde. Hunderttausende deutscher Kinder sind mit der irrigen Vorstellung aufgewachsen, dass dieses ölige und pappsüße Zeug Schokolade sei. Das glauben die Briten bis heute, aber sie halten ja auch die grellbunten Backwaren, die aussehen wie Chemie-Warnschilder, für Kuchen.

Cadbury, 1824 in Birmingham gegründet, hat in seiner Heimatstadt eine Art Disneyland für Kariesfreunde eingerichtet, komplett mit aztekischem Urwald, einem Schokoladenregen, dem größten Cadbury-Laden der Welt und einer Demonstration der Schokoladenproduktion. Dafür muss man allerdings nicht nach Birmingham fahren, das kann man auch im Internet haben. Auf der Seite des Unternehmens gibt es ein Schokoladenspiel, bei dem man die richtige Menge der richtigen Zutaten in einer bestimmten Zeit zusammenrühren und rechtzeitig auf Stop drücken muss – sonst sagt der virtuelle Qualitätskontrolleur: »Überproduktion! Wollen Sie uns ruinieren?« Sein nicht-virtueller Kollege hingegen hat schwer versagt. Voriges Jahr vergiftete Cadbury 37 Kunden mit dem seltenen Salmonellenerreger »Montevideo«, weil ein Rohr undicht war. Die Rückrufaktion kostete das Unternehmen 30 Millionen Euro. Außerdem musste Cadbury seine Riegel danach eine Zeitlang verramschen, um nicht darauf sitzen zu bleiben.

Diesmal wird es nicht ganz so teuer, man hat ja schon Übung: Cadbury musste seine Ostereier, Mini-Creme-Eier und Osterhühnchen zurückrufen, weil sie in Maschinen montiert worden sind, in denen zuvor Nüsse verarbeitet wurden. Nussallergien haben sich in Großbritannien in den vergangenen zehn Jahren verdreifacht, aber auf Cadburys Ostereiern fehlte der Warnhinweis, so dass eine Prozesslawine drohte.

Genau genommen ist Cadbury gar keine Schokolade, denn in die gehört Kakaobutter statt Rapsöl. Die britische Regierung musste sich von der Europäischen Union eine Sondergenehmigung holen, damit sich diese Ersatzware überhaupt Schokolade nennen darf. Cadbury ist der Muckefuck unter den Schokoladen. Als die Firma eine ihrer Pseudoschokoladentafeln »Swiss Chalet« – »Schweizer Berghütte« – nannte, platzte der Schweiz der Kragen. Sie zog 1997 vor ein englisches Gericht und gewann. Cadbury musste das Produkt umbenennen. Es heißt jetzt wohl »englische Baracke«.

In Australien zog das Unternehmen ebenfalls den Kürzeren vor Gericht. Es hatte gegen den Schokoladenhersteller Darrell Lea geklagt, weil der seine Ware ebenfalls in dunkellila Papier einwickelt. Es bestehe

Verwechslungsgefahr, monierte Cadbury. Das sei Strafe genug, meinte der Richter offenbar. Wer will schon mit Cadbury verwechselt werden?

In einem anderen Prozess ist die Süd-Londoner Filiale der Supermarktkette Asda zur Zahlung von 18.000 Pfund Strafe plus 9.000 Pfund Verfahrensgebühren verurteilt worden. Ein Kunde hatte eine Maus entdeckt, die es sich auf dem Süßwarenregal gemütlich gemacht hatte und einen Schokoriegel verspeiste. Aus dem Urteil geht nicht hervor, ob Asda wegen Tierquälerei verurteilt wurde.

Eine andere englische Errungenschaft, der Marsriegel, war nach seiner Erfindung 1932 in Slough mit Cadbury-Schokolade umhüllt, bevor man sich eines Besseren besann. Den Ruf des klebrigen Produkts ruinierte man sich freilich selbst. Im Frühjahr 2007 beschloss die Firma Masterfoods, bei der Produktion des Riegels, dessen Karamellfüllung sich beim Abbeißen unweigerlich über Kinn und Kragen verteilt, Tierabfälle zu verwenden – Lab aus Kalbsmägen. In der Werbung behauptete man, dass »alle Menschen außer extrem strikten Vegetariern das Produkt weiterhin genießen« können. Gibt es tatsächlich weniger strikte Vegetarier, die sich an Kalbsmägen erfreuen?

Offenbar nicht. 6.000 Engländer beschwerten sich binnen einer Woche, weil sie in ihrem Leib- und Magengericht keinen Tiermagen dulden wollten. Masterfoods, das täglich drei Millionen Marsriegel herstellt, machte geschwind einen Rückzieher und entschuldigte sich für den »Fehler«. Hatte man versehentlich die Produktionsstraßen von Schokoriegel und Hundefutter gekreuzt? Mars ist 2002 mit der Tiernahrungsfirma Pedigree Chum fusioniert worden.

Masterfood buhlte nun in großen Anzeigen um das Vertrauen der strikten Vegetarier, man bemühte sich sogar um das Gütesiegel des englischen Vegetarierverbandes. Allerdings ist es nicht mehr so einfach mit einer Imagekampagne, weil das Unternehmen versprochen hat, seine Werbung nicht mehr auf die Zielgruppe der unter Zwölfjährigen auszurichten. Damit kam man einem Verbot der Regierung zuvor. Die Aufsichtsbehörde für Fernsehwerbung will Reklame für Junk Food aus allen Sendungen verbannen, die von Jugendlichen bis 16 gesehen werden.

Dann darf die Mars-Werbung wohl nur noch nach Mitternacht zwischen den Werbespots für Telefonsex gezeigt werden. Vielleicht kann man ja beides verbinden: Bei einer Razzia im Haus der Rolling Stones in den sechziger Jahren sollen die Polizisten in dem Moment hereingestürmt sein, als Mick Jagger seiner damaligen Freundin Marianne Faithful einen Marsriegel in die Vagina schob. Faithful ist übrigens später in einem Mars-Werbefilm mit dem Spruch aufgetreten: »Pleasure you can't measure« – maßlose Wonne.

Der maßlose Wonneproppen Paul Gascoigne ist der berühmteste Konsument des Riegels. Der schlichte und äußerst labile englische Fußballer mit hohem Unterhaltungswert bekämpfte seine Alkoholsucht mit Mars, was ihm nicht nur zu einer beträchtlichen Körperfülle, sondern auch zum Spitznamen »Mars Bar Kid« verhalf. Als das Marsriegelgör nach seinem Wechsel zu Tottenham Hotspur bei seinem Ex-Verein Newcastle United antrat, bewarfen ihn die Fans jedes Mal mit Hunderten von Marsriegeln, wenn er an den Ball kam. Besonders erboste Newcastle-Anhänger hatten Steine statt der Schokoriegel ins Marspapier gewickelt. Im Magen liegen beide ungefähr gleich schwer.

Neben Schokoladen-Fakes kann man dem Engländer auch andere kulinarische Abscheulichkeiten andrehen. Verdauen muss er das Essen freilich selbst. Aber bis dahin nimmt Marks & Spencer ihm die Arbeit ab. Die englische Supermarktkette der gehobenen Preisklasse ist ein Paradies für faule Menschen. In den Kühlregalen stapeln sich Fertiggerichte, ja sogar mehrgängige indische Menüs in Stanniolbehältern. Nicht mal den Reis muss man im Wasser kochen – auch er ist mikrowellentauglich. Man muss lediglich die Garzeiten auf der Packung lesen können – und hoffen, dass der Hersteller keinen Fehler gemacht hat.

Das kann schon mal passieren. Carl, ein Londoner Freund, hatte eine Tüte Chili erworben und wollte seine neue Mikrowelle ausprobieren: Das Fleisch mit Chilipulver bestreuen und 55 Minuten auf höchster Stufe kochen, hieß es auf dem Chili-Beutel. Da Carl ein Mikrowellenamateur war, wusste er nicht, dass man in der Zeit einen Elefanten garen könnte, wenn er denn in das Gerät passte. Schüssel, Fleisch und Chili waren danach eine feste Verbindung eingegangen.

Wäre das in den USA passiert, hätte man die Chili-Bande vermutlich wegen Verbrannter-Schüssel-Trauma verklagen und für den Rest seines Lebens einen französischen Koch einstellen können. Aber in England zerkochen sie die Zutaten gewohnheitsmäßig.

Bei Marks & Spencer bieten sie auch Ananas in mundgerechten Stücken an, Käse in passgenauer Form für den Toast, Sushi-Bausätze mit Zubehör, die man gleich im Laden verspeisen könnte, wenn es nicht verboten wäre. Und es gibt vorgewaschene, kleingehäckselte Salate, die dank Gasbehandlung bis zum Sanktnimmerleinstag haltbar sind, zum Beispiel Cäsarsalat mit Croutons, Parmesan und Sauce. Man benötigt lediglich eine Schere. Aufgrund der vorgefertigten Mahlzeiten hat der Engländer im Lauf der Jahre die traditionelle Kunst des Fleischtranchierens vergessen und muss sie mühsam neu erlernen. Die Kurse in einem Restaurant in der Londoner Innenstadt sind über Monate hinaus ausgebucht.

Inzwischen hat das Fertigfutterkaufhaus eine neue Produktpalette aufgelegt: die Gourmet-Serie, deren neueste Errungenschaft der Lochmuir-Lachs ist. Ein wohlklingender Name, der aber im Gegensatz zu Parma-Schinken oder Stilton-Käse nicht von der Europäischen Union geschützt ist. Lochmuir gibt es nämlich gar nicht. Allerdings tragen ein paar berühmte Hunde den Namen: Lochmuir Lady, ein Windhund; Lochmuir Larry, ein Cockerspaniel; Lochmuir Bonnie, ein Labrador. Der Name klinge so hübsch schottisch, sagt Andrew Mallinson, der Fischexperte der Kaufhauskette.

Schließlich stamme der Lachs von fünf verschiedenen Lachsfarmen in Schottland.

Dominic Morray, ein Marks-Direktor, sagte, man habe beim Lochmuir-Lachs die gleichen Prinzipien wie beim ebenfalls nach einem fiktiven Ort benannten Oakham-Hühnchen angewendet und eine führende Marke geschaffen. Das hörten die Bewohner des echten Oakham, der Kreisstadt von Rutland mit einem Normannenschloss aus dem 12. Jahrhundert und eigener Brauerei, gar nicht gerne. Das Kaufhausketten-hühnchen, so monierten sie, stamme ja nicht mal aus Oakham, sondern aus Norfolk. Schlimmer wäre es, wenn sie bei Marks & Spencer den Lochmuir-Lachs mit einem Lochmuir-Hündchen verwechseln.

Bei solcher Ernährung ist es nicht verwunderlich, dass der Engländer aus allen Nähten platzt. Großbritannien verzeichnet das schnellste Wachstum in Europa, was die Körperfülle angeht. Dabei sind die Engländer ohnehin schon die dickste Nation in der Europäischen Union und haben sogar die USA überholt. Fast 2.000 Menschen sind zu fett, um zu arbeiten, monierte die *Times*. Die faulen Pummel haben im vergangenen Jahr 4,4 Millionen Pfund Beihilfe kassiert, empört sich das Blatt.

Die *Times* hat sich die Statistiken beschafft. Demnach kassieren 2,7 Millionen Menschen insgesamt 7,4 Milliarden Pfund Erwerbsunfähigkeitsrente. Die Zahl hat sich seit 1979 verdreifacht. Medizinisch schwer nachweisbare Krankheiten treten heutzutage doppelt so häufig auf wie noch vor ein paar Jahren. Die Palette ist breit: 480 verschiedene Diagnosen hat die *Times* gezählt, darunter Depressionen, Stress, Kopfschmerzen, Müdigkeit und »unbekannte Krankheiten«. 60 Menschen können wegen ihrer kaputten Fußnägel nie mehr arbeiten, meldete das Blatt höhnisch. Auffällig sei auch die hohe Zahl von Leuten mit Schwindelgefühlen. Die *Times* vermutet, dass sie schwindeln.

Die Regierung hat bisher ohne zu murren bezahlt, um die Arbeitslosenstatistik aufzuhübschen, glaubt die *Times*. Solange das Erwerbsunfähigkeitsgeld höher sei als die Arbeitslosenhilfe, könne man den Leuten nicht verübeln, dass sie das System ausnutzen. Für die *Sun*, jenen bedruckten Jauchetopf, ist das alles dagegen ein »kranker Witz«.

50 Menschen sind dauerhaft erwerbsunfähig, weil sie Akne haben. »Zum Arbeiten zu picklig«, macht das Boulevardblatt daraus. Und die 380 Menschen, die wegen Hämorrhoiden nicht arbeiten können, sollten den Arsch versohlt kriegen, verlangt die *Sun*. Diese »Krankmeldungskultur« sei jedenfalls eine Schande.

Aber nun will Arbeitsminister Peter Hain eingreifen. »Zurzeit sitzen viele Leute zu Hause und glauben, sie seien unvermittelbar«, sagte Hain. »Deshalb verändern wir das System.« Die Kürzung der Beihilfen ist der einzige Bereich, in dem die Labour-Boulevardregierung noch systemverändernde Ambitionen hat. »Wir konzentrieren uns darauf, was die Menschen können – und nicht darauf, was sie nicht können«, meinte Hain. Dieses Kriterium sollte man auch für Politiker einführen. Matthew Elliott, der Geschäftsführer beim

Verband der Steuerzahler, diagnostizierte, dass viele Antragsteller die Gutmütigkeit ihres Arztes ausnutzen. Es sei aber ein großer Unterschied, ob jemand nicht in der Lage sei, oder ob er keine Lust habe zu arbeiten. Der Mann weiß Bescheid.

Bisher wurde die Erwerbsunfähigkeitsrente gewährt, wenn der Antragsteller weder 400 Meter ohne fremde Hilfe laufen oder eine halbe Stunde lang stehen, noch eine Stunde lang sitzen oder zwölf Stufen hinaufgehen konnte. Künftig soll lediglich überprüft werden, ob er mit Tastatur und Computermaus umgehen kann. Hain erwartet, dass die Hälfte aller Antragsteller diese Prüfung bestehen wird – beziehungsweise durchfallen und die Beihilfe verlieren wird, frohlockt die *Sun*: »Nehmt euch in acht, Drückeberger! Euer Leben auf Stütze geht zu Ende!« Das Leben der *Sun* dagegen leider nicht.

Das Moppelvolk züchtet sich seinen Nachwuchs entsprechend heran: Ein Drittel aller Kinder unter 16 ist übergewichtig, jedes fünfte sogar fett. Die Zahl der Dickerchen ist innerhalb eines Vierteljahrhunderts um 400 Prozent gestiegen. Die Fettfolgekosten werden schon bald elf Milliarden Euro im Jahr betragen. Neulich ist eine Dreijährige an Herzversagen gestorben, weil sie kugelrund war.

Die britische Regierung hat die höchste Alarmstufe ausgerufen. Die Medienaufsichtsbehörde überlegt, wie bereits erwähnt, ob sie Fernsehwerbung für Schnellfraß verbieten kann. Stattdessen will man die Serie aus dem Dschungelcamp wiederholen, wo abgehalfterte Halbprominente eine Woche lang Insekten kauen mussten. Nach neun Uhr abends darf im britischen Fernsehen aber weiter gefressen und gesoffen werden, weil die Teenager dann im Bett sind. Dabei werden sie auch ohne Werbung sieben Kilo im Jahr schwerer, wenn sie täglich eine Stunde fernsehen.

In Schottland, das als »kranker Mann Europas« gilt, will man noch einen Schritt weiter gehen: Fünfjährige sollen sich bei der Einschulung einem Pummeltest unterziehen. Wer durchfällt, muss zur Zwangsdiätberatung. Die Eltern werden auf eine Kochschule geschickt, wo sie lernen, kalorienarm zu kochen. Außerdem sollen die Schulen verbindliche Richtlinien für das Pausenbrot herausgeben: Müsli statt Marsriegel, Kopfsalat statt Wurstsalat. Und in den Schulpausen müssen die Kinder eingesperrt werden, damit sie nicht zum Eckladen schleichen und sich mit McWürgern vollhauen können.

Das Programm soll später auf Lehrer, Krankenhausangestellte und Beamte ausgeweitet werden, damit sie ein gutes Beispiel geben. Wer dennoch dick bleibt, muss zur Gewichtskontrollgruppe. Haben auch die Verschlankungsterroristen, die als »Small Brother« Angst und Schrecken verbreiten sollen, keinen Erfolg, bekommt der Mops einen mageren Lifestyle-Berater zugeteilt. Ab 2011 wollen die Schotten sonntags öffentliches Pflichtwiegen einführen.

Der an der Mayo-Klinik in Minnesota arbeitende britische Wissenschaftler James Levine hat herausgefunden, dass Dünne jeden Tag im Durchschnitt 152

Minuten länger stehen als Dicke, denn im Stehen verbraucht man dreimal so viele Kalorien wie im Sitzen. Deshalb, so verlangt Levine, soll man fetten Kindern die Stühle wegnehmen. Um die Krampfadern vom stundenlangen Stehen in der Schule kann man sich ja später kümmern. Vielleicht hilft auch ein Aufnäher am Revers, ein rosa Schweinchen etwa, um die kleinen Dickerchen auf den rechten Ernährungspfad zu bringen.

Seit 1999 haben mehr als 600 Kinder an der Leeds University am Carnegie-Programm für Gewichtskontrolle teilgenommen. Es ist das einzige Fette-Kinder-Sommerlager in Europa. Demnächst, so kündigte der Direktor Paul Gateley an, wollen sie Tische und Stühle wegschmeißen. Man sollte die mopsigen Kids lieber auf Konditionsräder setzen, die an Generatoren angeschlossen werden. Damit könnte man, natürlich nur bis 21 Uhr, Fernsehgeräte betreiben. Oder besser noch: elektrische Stühle für die dürren Demagogen.

Einer von ihnen ist ein Professor mit dem trefflichen Namen Julian Le Grand. Auch er will gegen die Körperfülle etwas unternehmen. Er ist Vorsitzender von »Gesundheit England« und hat früher Tony Blair beraten. Le Grand will der »Epidemie der Fettleibigkeit« zu Leibe rücken und »Krankheiten, die durch übermäßigen Verzehr verursacht« werden, schleunigst eindämmen.

Wenn es nach ihm geht, müssen Raucher künftig eine behördliche Raucherlaubnis vorlegen, wenn sie Kippen kaufen wollen. Die Lizenz soll ein Jahr gültig sein und muss vom Doktor gegengezeichnet werden – also Zigaretten auf Krankenschein? Den gibt es freilich nur gegen eine Gebühr, das Geld soll an den Gesundheitsdienst gehen. Außerdem soll der Alkoholverkauf eingeschränkt werden. Wer Lebensmittel kauft, darf sich kein Sixpack in den Korb legen, sondern muss sich an einer gesonderten Warmbierverteilstation erneut anstellen. Muss man dort ein Attest mit den Leberwerten vorlegen?

Darüber hinaus sollen Unternehmen mit mehr als 500 Angestellten ihre Leute täglich zu einer Stunde Leibesübungen ermutigen. England wird zur Turnhalleninsel. Und Salz in Fertiggerichten gehöre verboten, meint Le Grand. Er nennt seine Vorschläge »libertäre Bevormundung«. Man könne dem Staat nicht vorwerfen, sich als Kindermädchen der Nation aufzuspielen, denn die Menschen können sich ja aktiv dafür entscheiden zu rauchen, dem Betriebsturnen fernzubleiben und Salz auf das Essen zu kippen.

»Manche werden dennoch behaupten, das sei Bevormundung im Quadrat«, glaubt Le Grand. »Aber du wirst ja nicht gezwungen, irgendetwas zu tun. Es geht nicht um Prohibition. Es ist eine weiche Form der Bevormundung.« Sie ist einer weichen Birne entsprungen.

Le Grand und andere Wissenschaftler wollen dem armen Rosenkohl übrigens zu neuem Ansehen verhelfen. Generationen britischer Kinder sind damit aufgewachsen, zu Weihnachten kommt kein Truthahn ohne Rosenkohl auf den Tisch, doch nun ist ihm die schlimmste Demütigung widerfahren: Das Statistische Landesamt in London entfernte ihn aus dem offiziellen Warenkorb, mit dem die Inflation ermittelt wird. Stattdessen ist zum ersten Mal Broccoli aufgenommen worden.

Der Warenkorb enthält 650 Produkte, und seit 1947 gehörte auch der Rosenkohl dazu. Inzwischen gelte er als Gemüse von gestern, erklärte das Statistische Landesamt, während Broccoli sexy sei. In einem Land, in dem Margaret Thatcher einmal zur »Frau des Jahres« gewählt wurde, erscheint wohl sogar Bröckelkohl, wie er auf deutsch auch genannt wird, als sexy. »Die Briten geben inzwischen mehr für Broccoli aus als für Rosenkohl«, sagte ein Sprecher des Amtes. »Davor kann man die Augen nicht länger verschließen.«

Broccoli kam im 16. Jahrhundert aus Kleinasien über Italien nach England und war dort zunächst als »italienischer Spargel« bekannt. Vor kurzem wurde er in England wegen seiner vielen Nährstoffe und der angeblich krebshemmenden Wirkung zum »Superfood« ernannt. Die Ernährungswissenschaftlerin Carina Norris verteidigt den altmodischen Rosenkohl: »Broccoli ist nicht besser als Rosenkohl, er enthält keineswegs mehr Nährstoffe, aber weil er plötzlich chic ist, erhält er mehr Aufmerksamkeit.« Beide gehören der Kohlfamilie an, sagt sie, und beide gehören in den Warenkorb. »Lasst den Rosenkohl nicht im Stich«, fleht sie.

Dabei ist die Mohrrübe der wahre Superheld im Gemüsereich. Zwei schottische Wissenschaftler, Eric Whale und David Hepworth, haben fünf Jahre lang mit Karotten experimentiert und eine streng geheime Methode entwickelt, um aus dem Gemüse ein festes Material herzustellen, das vielseitig verwendbar sein soll. Sie nennen es Curran, und das erste Produkt daraus ist eine Angelrute fürs Fliegenfischen.

Curran sei umweltfreundlicher als andere Fasern, sagt Whale, denn wenn man es verbrenne, sei der Kohlendioxidausstoß geringer als die Menge an Kohlendioxid, die die Mohrrüben beim Wachsen verbraucht haben. Curran sei die bedeutendste Erfindung seit der Entdeckung von Kohlefasern vor mehr als 30 Jahren, jubelte Hepworth, und im Geiste sieht er seinen Kontostand ins Unermessliche steigen. »Unternehmen wollen Qualität, die umweltfreundlich ist«, so seine Überzeugung.

Für eine Angelrute sind zwei Kilo Karotten nötig. Bei einem Kilopreis von zehn Pence sind die Materialkosten für die Angel ziemlich niedrig. Demnächst wollen Whale und Hepworth auch Steckrüben und Pastinaken verwenden. Doch damit geben sich die beiden Wissenschaftler nicht zufrieden. Ihr nächstes Projekt sind Snowboards, aber in der Zukunft seien auch Maschinenbauteile, ja sogar Autos und Kriegsschiffe aus Mohrrüben vorstellbar. Al-Qaida wird das mit Interesse vernehmen. Die Terrororganisation soll in den Höhlen Afghanistans bereits mit der Karnickelzucht begonnen haben. Warum soll man britische Kriegsschiffe auch bombardieren, wenn man stattdessen eine Kompanie Kaninchen mit Fallschirmen auf sie abwerfen kann? Oder auch nur ein einziges Were-Rabbitt?

Verstand in Pfefferminzsauce

Der Engländer und seine Medien

SUN FOR SENIORS
WORLD SMOKING CHAMPION
PAGE 3 GIRL:
©TOM

Der Engländer liebt seine Medien. Oder was er dafür hält. Die *Sun* zum Beispiel. Sie hat die höchste Auflage aller englischsprachigen Zeitungen in der Welt. Mehr als drei Millionen Menschen kaufen sie täglich, achteinhalb Millionen lesen sie – oder schauen zumindest die Bilder an, vor allem das nackte Mädel auf Seite 3, dessen blanker Busen verschämt »T*ts« genannt wird.

Eigentlich ist die *Sun* aber gar keine Zeitung, sondern eine Spezialpostille für ein Stammtischpublikum, das den Verstand in Pfefferminzsauce eingelegt hat – Labour-Wähler eben, denn das ist die Partei, die von der *Sun* an die Macht gebracht worden ist, wie das Blatt nicht ganz zu Unrecht prahlt. Als Dank dafür gehört Verleger Rupert Murdoch inoffiziell zum Kabinett.

Wenn sich Tony Blair oder sein Nachfolger, Premierminister Gordon Brown, zu europafreundlich geben, ruft Murdoch sie mit Hilfe seines Kampforgans zur Ordnung. Denn aus Europa, vor allem aus Deutschland, kann nichts Gutes kommen, weiß der kleinformatige Schmutzkübel. Zum Beispiel warnte er: »Deutschland heckt einen Plan aus, um Großbritannien von der Landkarte zu tilgen.« Was denn, schon wieder? »Die Deutschen wollen, dass die 25 EU-Mitgliedstaaten ihre nationalen Grenzen abschaffen«, hieß es weiter. »Dann gibt es England, Schottland, Wales und Nordirland nicht mehr. Wir würden aufgeteilt und mit anderen Ländern verschmolzen, um transnationale EU-Regionen zu bilden.« Illustriert ist der Artikel mit einer »bekloppten EU-Landkarte«.

Die südenglischen Grafschaften Kent und East Sussex sollen demnach Nordfrankreich zugeschlagen und in »TransManche« umgetauft werden. Der größte Teil von England und Schottland käme in einen Topf mit Teilen Skandinaviens, Deutschlands, Belgiens und der Niederlande – die »Nordsee-Region«. Der Norden Schottlands würde mit Teilen Norwegens und Schwedens zur »Nördlichen peripheren Region«. Cornwall, die Bretagne, Nordwestspanien und Portugal fusionieren zur »Atlantik-Region«. Irland hingegen würde mit Nordirland wiedervereinigt und bekäme Wales sowie einen Brocken Nordwestengland dazu. Das wäre zwar ein gerechter Ausgleich für Jahrhunderte Kolonialherrschaft, aber den Zipfel Nordwestengland mit der Plutoniumschleuder Sellafield können die Engländer ruhig behalten.

Der teuflische Plan soll schon bald umgesetzt werden, meint die *Sun*. Das Blatt zitiert den deutschen Minister für Verkehr, Wolfgang Tiefensee, der gesagt haben soll, die große Hoffnung für ein vereintes Europa sei die Überwindung alter Grenzen. Natürlich hat David Wooding, der den Artikel verzapft hat, einen Knall. Bei der Karte, die er irgendwo im Internet ausgegraben hat, handelt es sich vermutlich um Fischereiregionen. Aber nichts ist zu blöd, als dass man es den *Sun*-Lesern nicht als kontinentale Gefahr verkaufen könnte. Schließlich hat das Blatt ja auch mal behauptet, Brüssel wolle den Krümmungsgrad von Bananen festlegen. Recherche, so das Prinzip des bedruckten Abfalleimers, ist etwas für Weicheier.

Allerdings ist die Idee der Zerlegung des Vereinigten Königreiches gar keine so schlechte Idee. Vor allem, wenn man Sellafield und die drei Millionen *Sun*-Käufer samt Murdoch, Blair und Brown zusammenführt und die Region »No go area« tauft.

Manchmal führt das Blatt Kampagnen in eigener Sache. So kämpft die *Sun* dafür, dass britische Matrosen weiterhin Bilder von nackten Mädels in ihren Spinden aufhängen dürfen. Das Marinekommando hat ihnen das heimlich verboten. Aber die *Sun* hat es herausbekommen. Und sie schäumt vor Wut – sind die barbusigen Frauen auf Seite 3 doch ihr Markenzeichen.

Den 39.000 Matrosen drohen Geldstrafen, falls sie das Verbot missachten. »Ein Kriegsschiff oder irgendeine andere Einrichtung, die dem Verteidigungsministerium gehört oder von ihm gemietet wurde, ist kein Ort für zügelloses Verhalten«, heißt es in der schriftlichen Anordnung. »Unangemessene Bilder dürfen nicht in Spinden oder anderen Aufbewahrungsbehältern angebracht werden.« Der Angemessenheitstest sei der Familienstrand: Was dort nicht erlaubt sei, komme auch auf einem Kriegsschiff nicht in Frage. Ist es tatsächlich untersagt, die Seite 3 der *Sun* am Strand aufzuhängen?

2004 wollte das Ministerium eine ähnliche Anordnung durchsetzen, gab aber nach zwei Monaten klein bei. Damit das diesmal auch geschieht, hat die *Sun* zwei Bikinischönheiten nach Portsmouth entsandt. Dort demonstrierten Ruth und Mel im Hafen mit Plakaten, auf denen stand: »Lasst uns herein. Die Jungs brauchen uns.« Ein Massenprotest war es nicht gerade, die beiden knapp gekleideten Frauen waren lediglich von fünf Matrosen umringt.

Einer von ihnen, der 27-jährige Paul Grant, sagte: »Die Jungs sind wütend.« Der 30-jährige Lee Madden fügte hinzu: »Es wird Krawalle geben.« Und der 22-jährige Graeme Duncan behauptete: »Diese Poster stärken unsere Moral.« Nun wird »Moral« von britischen Soldaten anders definiert als im Lexikon. In der Deepcut-Kaserne in Surrey im Süden Englands gehörten Vergewaltigungen von Rekrutinnen zum Alltag. Das hat das Verteidigungsministerium in einem Untersuchungsbericht festgestellt, den man wie das Pinup-Verbot gerne geheim gehalten hätte. Die Täter hatten sich in einem »Black Card Club« organisiert. Wer als Opfer auserkoren war, fand auf dem Bett eine Spielkarte mit einem Kreuz.

Eine Rekrutin musste nackt – bis auf einen Gürtel, an dem leere Dosen befestigt waren – auf dem Paradeplatz antreten. Eine andere wurde aus der Dusche gezerrt und musste im Winter unbekleidet an einer Parade mit anderen Soldaten teilnehmen. Die meisten Rekrutinnen trauten sich nicht, die Vergewaltigungen zu melden, manche machten »freiwillig« mit, um auf dem Paradeplatz nicht gequält zu werden.

»Die königliche Marine ist deshalb ein so großartiger Verein, weil man sich gegenseitig respektiert«, sagte ein Sprecher des Verteidigungsministeriums zur Kampagne der *Sun*. »Außerdem haben wir die Seite 3 ja gar nicht verboten.« Man darf sie nur nicht aufhängen. Und den *Sun*-Chefredakteur auch nicht.

Auf der Website des Blattes haben die Frauen von Seite 3 einen Balken über den Brustwarzen. Klickt man ihn an, verschwindet er. Das soll vermutlich unbedarfte Internetsurfer schützen, die aus Versehen auf die Seite der *Sun* geraten und nicht mit einem blanken Busen schockiert werden sollen. Wäre das nicht die Lösung des Konflikts? Man könnte den Mädels auch in der gedruckten Ausgabe einen Balken verpassen, den alle Leser - außer Matrosen - wegrubbeln dürfen.

Die *Daily Mail* führt eine andere Kampagne - gegen die lasche Justiz. Es fing an mit einem Zwölfjährigen, der seinen alten Nachbarn mit einem Cocktail-Würstchen beworfen hat. Dann entblößten zwei junge, angetrunkene Frauen ihre Brüste vor einer Überwachungskamera. Und schließlich wurde eine 19-jährige Studentin gestellt, als sie im Zug nach Chester ihre mit Flipflops bekleideten Füße auf den Sitz legte. Die Übeltäter wurden allesamt vor Gericht freigesprochen.

Vor allem der letzte Fall erregte die Gemüter der englischen Presse. Ein Fahrkartenkontrolleur, an dessen Mütze eine Kamera montiert war, hatte die Tat aufgezeichnet. Obwohl Kathleen Jennings sofort ihre

Füße vom Sitz zog und sich entschuldigte, nahm er ihre Personalien auf und zeigte sie an.

Während der *Daily Telegraph* die Leser befragte, ob die Anklage – Jennings stand wegen »absichtlicher Beeinträchtigung der Bequemlichkeit anderer Passagiere« vor Gericht – fair gewesen sei, gab die *Daily Mail* gleich die Antwort: »Null Toleranz muss genau das heißen, auch wenn sie eine süße Mathestudentin ist«, hieß es in der Überschrift. »In all diesen angeblich amüsanten Fällen hat sich das Gesetz ganz fest auf die Seite der Sünder gestellt«, kommentierte David Jones, »während diejenigen, die für die Aufrechterhaltung von Recht verantwortlich sind, der Lächerlichkeit preisgegeben wurden.«

Jones, der sich »liberale Neigungen« bescheinigt, geißelte die reuigen Tränen der Studentin, die bei einer Verurteilung ihren Wohltätigkeitsjob mit behinderten Kindern verloren hätte. »Es ist der Eckpfeiler der Null-Toleranz-Politik, keine Form von asozialem Verhalten zu dulden«, mosert er. Und er kennt sich aus: Ende der achtziger Jahre lebte er mit seiner Familie zwei Jahre lang in New York.

»Die Stadt war so gefährlich, dass wir uns wie Gefangene in unserer Wohnung im 18. Stock in der Upper East Side fühlten«, schreibt er. Überall lauerten Autofensterwäscher, auf dem Spielplatz wurde Rauschgift geraucht, und einmal ist er mit seinem eigenen Baseballschläger, den man ihm weggenommen hatte, bedroht worden.

Dann kam Bürgermeister Rudolph Guiliani und rief

»null Toleranz« aus. Als Jones Mitte der neunziger Jahre nach New York zurückkehrte, erkannte er die Stadt nicht wieder. Er konnte mit seiner Frau sogar nachts im Central Park spazierengehen. »Toleriert man hingegen, dass jemand Müll auf die Straße wirft, eine Kippe fallen lässt oder flucht, setzt eine Spirale nach unten ein«, findet er.

Wenn die Täter, die einen Elfjährigen im August 2007 in Liverpool erschossen haben, geschnappt werden, wird sich herausstellen, so wettet Jones, dass sie der Polizei schon früher wegen scheinbar trivialer Ungezogenheiten an irgendeiner Straßenecke aufgefallen sind. Jones will damit wohl sagen, dass aus der süßen Mathestudentin später eine gemeingefährliche Terroristin wird, weil sie diesmal ungeschoren blieb. Hat nicht Osama bin Laden als Kind einmal die Füße auf den Tisch gelegt und dennoch seinen Nachtisch bekommen?

Aber auch die sogenannten Qualitätszeitungen haben ihre Eigentümlichkeiten. Früher hat man sie in England zum Einwickeln der Nationalspeise verwendet. Die fettigen »Fish and Chips« gingen dadurch eine köstliche Verbindung mit der Druckerschwärze ein. Das hat die Europäische Union längst verboten. Seitdem müssen die Zeitungsverlage andere Gründe finden, um der Kundschaft ihre Blätter schmackhaft zu machen.

Die meisten Sonntagszeitungen versuchen es mit kostenlosen DVDs. Meist werden Filme beigelegt, die ohnehin alle zwei Wochen im Fernsehen laufen. Der *Guardian* hatte sich etwas Neues einfallen lassen. Wochenlang lagen dem Blatt täglich Riesenposter mit britischen Rassen von Schweinen, Schafen, Kühen, Hühnern und Vögeln bei. Als man sämtliche Tierarten erledigt hatte, kamen Pflanzen, Bäume, Sträucher dran. Ob es tatsächlich Menschen gibt, die ihre Wohnung damit tapezieren?

Die Konkurrenz vom *Independent* hielt das offenbar für möglich und kopierte die Idee. Wer das Blatt kaufte, bekam Plakate von Sonne, Mond und Sternen dazu. So heckte der *Guardian* einen anderen Plan aus. Zum Jahresende wickelten sie die Zeitung täglich in einen Bogen Designer-Weihnachtsgeschenkpapier. Man konnte das Blatt also gleich weiterverschenken.

Der *Daily Telegraph* – oder auch »Torygraph«, wie er gerne gehänselt wird – macht bei diesem Firlefanz nicht mit. Stattdessen hat das Blatt einen »Nein-Club« ins Leben gerufen. »Heute gründet der *Telegraph*, inspiriert von seinen Lesern, einen neuen Club für Menschen, die wie Marx aus der Menge herausragen wollen und sich gegen vorherrschende Trends und Moden stellen«, hieß es. Es versteht sich, dass das rechte Blatt nicht Karl, sondern Groucho Marx meinte.

Auf der Internetseite kann man sich eine Vereinsurkunde ausdrucken, wenn man zum Beispiel keinen iPod hat, kein Trüffelöl über seinen Carpaccio sprenkelt, noch nie eine Cola getrunken oder die Beatles gemocht hat. Der *Telegraph* wurde von Mitgliedsanträgen überflutet. Ob das alles grantige Greise seien, fragte sich das Blatt. Aber nein: »Großbritannien ist immer noch eine Nation von Rebellen, die ihren eigenen Kopf haben.«

Frau Brightman zum Beispiel. Sie hat eine multiple Mitgliedschaft beantragt, da sie noch nie Jeans getragen, Drogen genommen, einen Hamburger gegessen oder Labour gewählt hat. Letzteres dürfte sie mit den anderen Lesern gemein haben. Der 76-jährige Peter Rose war nie ein Teenager, weil von denen alles Unheil der Gesellschaft ausgehe. Eine Julia Wooton hat sich noch nie die Beine rasiert. Eddie Redfern, 68, hat niemals ein Buch gelesen, seit er von der Schule flog, und will in seinem Leben auch keins mehr lesen. Herr Brooke ist 61 und hat in seiner langjährigen Ehe noch nie gekocht. Thomas hat nie organisches Gemüse gegessen, Kay Russell niemals etwas politisch Korrektes getan. Und ein David hat »dieser Bande totalitärer Kommunisten, die sich als New Labour ausgeben, noch nie irgendetwas geglaubt.« Das ist also die Nation von Rebellen.

Ich bin dem Club auch beigetreten und habe meine Urkunde erhalten. Ich gehöre jetzt der Vereinigung von Menschen an, die noch nie einen *Telegraph* gekauft haben. Nicht mal zum Einwickeln von »Fish and Chips«.

Wie wohltuend heben sich gegen diese Quarkpostillen die kleinen britischen Lokalzeitungen ab. Man erfährt in der Rubrik »Vermischtes« ungeahnte Dinge, die von der überregionalen Presse ignoriert werden. So berichtete ein Blatt aus Lancaster, dass die

Polizei mit Ohrenabdrücken experimentiere. Die Form der Ohren sei so gut wie ein Fingerabdruck, sagte ein Polizeisprecher. Damit sind Safeknacker geliefert, die mit dem Ohr am Geldschrank die Zahlenkombination austüfteln. Die Polizei hat die Ohrentypen in drei Kategorien eingeteilt: klein, mittel und Windsor. Okay, der letzte Satz stand nicht in der Zeitung.

Ein Boulevardblatt aus Sheffield schrieb, dass der exzentrische Autodieb, der die Stadt seit Monaten unsicher gemacht habe, endlich gefasst sei und vor Gericht stehe. Colin Sadd sei auf die schiefe Bahn geraten, weil er Autonarr sei, aber keinen Job in einer Werkstatt gefunden habe, behauptete sein Anwalt. So klaute er Autos, wusch sie gründlich und machte manchmal auch einen Ölwechsel. Dann stellte er sie wieder dort ab, wo er sie gestohlen hatte.

Viele Gauner kommen jedoch davon, weil die Telefongesellschaft British Telecom die Notrufe falsch vermittle, so behauptete jedenfalls eine nordirische Lokalzeitung. Die Notrufnummer 999 gilt für Feuerwehr, Krankenwagen und Polizei. Man muss erklären, wo es brennt, dann wird man mit der entsprechenden Stelle verbunden. Oder auch nicht. Die Zeitung berichtete, dass jemand, der einen Brand in Belfast melden wollte, zur Feuerwehr in Nord-Wales durchgestellt wurde. Ein Notruf aus Schottland wurde an die Polizei im südenglischen Kent weitergeleitet. Da kommt ein hübsches Sümmchen an Kilometergeld zusammen.

Manchmal stellen sich die Gangster aber so dämlich an, dass ihnen auch die verwirrten Telefonleitungen nichts nützen. In Nottingham hat ein Carl Lancaster, der nicht verwandt mit der nordenglischen Stadt ist, eine Tankstelle mit einer grünen Gurke überfallen. Er richtete das Gemüse auf den Tankwart und sagte, er werde ihn erschießen, falls er ihm nicht einen Batzen Geld gebe. Entweder war der Tankwart kurzsichtig, oder er hatte eine Gurkenphobie. Jedenfalls gab er Lancaster sechzig Pfund, und der machte sich mit einem Taxi aus dem Staub. Das blieb jedoch im Berufsverkehr stecken, so dass die Polizei leichtes Spiel hatte. Robin Hood hatte es bei seinen Raubzügen in Nottingham einfacher. Damals gab es keine Autos.

Bei Lancaster kam strafverschärfend hinzu, dass man in seiner Tasche eine abgesägte Aubergine gefunden hat. Er sitzt nun im Gefängnis, aber dank der Labour-Regierung findet die Bürgercharta, die der Bevölkerung mehr Rechte gegenüber Behörden einräumen soll, auch im Knast Anwendung. Jeder Gefangene, so schrieb eine Birminghamer Zeitung, bekam einen Fragebogen zugeschickt, wie ihn sonst nur Hotels der gehobenen Klasse ihren Gästen vorlegen. Ob man mit der hauseigenen Wäscherei zufrieden sei, wollte die Gefängnisbehörde wissen. Wie es mit den Freizeiteinrichtungen stehe? Wie komme man mit den Wärtern zurecht? Und ob man die Mahlzeiten lieber in der Zelle oder außerhalb einnehmen möchte? Die Antwort auf die letzte Frage war einstimmig: außerhalb. Und zwar mindestens 300 Kilometer.

Eins haben die Lokalzeitungen mit den Überregionalen und der BBC gemein: Sie machen sich regelmäßig lustig über andere Sprachen, am liebsten über Deutsch und Französisch. Wer kein Englisch kann, hat Pech gehabt und muss ulkige fremde Sprachen sprechen, meinen sie hämisch. Die BBC hat bei ihren Hörern nachgefragt, wie es ihnen ergangen sei, als sie sich im Auslandsurlaub dazu herabgelassen haben, die Sprache der Eingeborenen zu sprechen.

Auf was man da alles achten muss! Eine Hörerin hatte in einem Berliner Restaurant einen Brokkoli-Einlauf bestellt, ein Hörer bescheinigte dem Koch, das Essen sei lächerlich - statt lecker - gewesen, und ein anderer, der sich für das Durcheinander im Hotelzimmer entschuldigen wollte, sagte: »Leider ist überall Durchfall.« Und wie leicht kann man Zahnbürsten mit Sahnebrüsten verwechseln. Das ist saukomisch, findet die BBC und meint, die Deutschen seien selbst schuld: Was haben sie doch für eine putzige Sprache!

Gerne garniert man aber so manchen Text im Internet oder in der Zeitung mit einem deutschen oder französischen Wort, denn man ist ja polyglott. Leider sind diese Worte meist falsch buchstabiert. Das wäre nicht weiter schlimm, denn der englische Leser merkt es ohnehin nicht. Bei der BBC haben sie nun aber auch Probleme mit der eigenen Sprache. Saddam Hussein habe seiner Gerichtsakte erzählt, dass sie gefälscht sei, wenn sie suggeriere, er habe der Hinrichtung von Minderjährigen zugestimmt, vermeldete die BBC. Auch mit dem Apostroph und vielen grammatikalischen Gemeinheiten steht der Sender auf Kriegsfuß. Offenbar hat man die Korrekturleser entlassen.

Generaldirektor Mark Thompson, der von den Kollegen »Rottweiler« genannt wird, war 2005 mit dem Versprechen angetreten, die BBC zu verschlanken und in die schwarzen Zahlen zu führen, um »die stärkste Kraft für das Kulturgut auf dem Angesicht dieser Erde« zu bleiben. Er hat mehr als 2.000 Stellen gekürzt.

Die übrig gebliebenen BBC-Nachrichtenreporter müssen nun von einem Termin zum nächsten hetzen, um ein paar O-Töne einzufangen. Da spielt es manchmal keine Rolle, wen man vor die Kamera zerrt. Einmal hatten sie den Computerfachmann Guy Kewney gebeten, den Prozess zwischen der Beatles-Firma Apple und dem gleichnamigen Computer-Unternehmen kurz zu kommentieren. Während Kewney, ein weißer, bärtiger Mann, an der Hotelrezeption wartete und sich die BBC-Nachrichten ansah, bemerkte er verblüfft, dass er gerade im Fernsehen interviewt wurde. Allerdings war der Mann, der angeblich Guy Kewney hieß und völlig Sinnfreies über den Prozess von sich gab, schwarz und glattrasiert.

Es war der Taxifahrer, der Kewney zurück in die Stadt bringen sollte. Der BBC-Produzent hatte Kewneys Namen ins Hotel gerufen, und der Taxifahrer nahm an, es handle sich um seinen Fahrgast. Er ging mit ihm mit, doch im nächsten Augenblick hielt man ihm ein Mikrofon vor den Mund und fragte ihn, ob er überrascht sei. »Ja, sehr«, antwortete der Taxifahrer, der nicht wusste, dass die Frage auf den Apple-Prozess zielte. »Damit habe ich nicht gerechnet, als ich hierherkam.« Liegt es daran, dass die BBC, die seit

1936 sendet, inzwischen die niedrigste Einschaltquote zur Hauptsendezeit beklagt? Vorbei sind die Zeiten, als 22,75 Millionen Menschen 1995 gebannt die Panorama-Sendung einschalteten, um den intimen Geständnissen von Prinzessin Diana zu lauschen.

Dem unabhängigen Sender ITV geht es nicht besser. Ihm sind innerhalb eines Jahres acht Prozent der Zuschauer abhandengekommen, die Werbeeinnahmen sanken um 50 Millionen Pfund. Dann kam die vorübergehende Rettung. Allerorten suchte man den Superstar. Schaltete man den Fernseher ein, wurde man mit grauenhaften Darbietungen von Leuten gequält, die danach zu Recht wieder in der Versenkung verschwanden. Nur ITV machte es anders. Der Sender suchte den Anti-Superstar.

Ein Simon Cowell von Sony hatte ITV die Show »Britain's got talent« angedreht. Er überredete Piers Morgan, den früheren Chefredakteur des Schmuddelblattes *News of the World*, als Preisrichter mitzumachen. Man werde die britische Whitney Houston entdecken, versprach Cowell. Als dann ein knapp zwei Meter großer Transvestit einen Zwerg in einer Holzkiste über die Bühne zog, beschwerte sich Morgan bei Cowell: »Das ist anders, als du es mir angekündigt hast.«

Das war ein typisch britisches Understatement. Nach dem Transvestiten kamen singende Hunde, rappende Omas, steppende Greise, ein Mann mit 145 Wäscheklammern im Gesicht und ein Buchhalter aus Birmingham, der weder singen noch tanzen konnte und stattdessen auf der Bühne herumkullerte.

»Ja, so sind wir«, jubelte der *Daily Telegraph*. »Nachdem uns Thatcher und Blair jahrzehntelang eingeredet haben, dass wir anders seien, hat diese Talentshow die sieben Säulen der britischen Identität wieder aufgestellt.« Ob einer Talent habe, spiele keine Rolle. »Tschüss, cooles Britannien. Wir sind immer noch eine Nation von fröhlichen Exzentrikern, denen alles andere schnuppe ist.«

Einige nahmen nur teil, weil ihre Mütter sie heimlich angemeldet hatten. Der 80-jährige Stepptänzer vielleicht? Oder doch eher die sechsjährige Connie Talbot, die »Somewhere Over The Rainbow« sang, oder die elfjährige Bessie Cursons, die mit einem Volkslied auftrat? Vorsichtshalber warf man den Stimmenimitator Richard Bates vorher hinaus, weil er wegen Kindesmissbrauchs eingesessen hatte.

Höhepunkt war eine Gruppe älterer Herren in Ballettröckchen auf Einrädern. Cowell bescheinigte ihnen, dass er noch nie etwas so Schlechtes gesehen habe. Die Ballettröckchenträger waren hoch erfreut. »Unsere Vorliebe für das Versagen lauert immer noch unter unserer neumodischen Besessenheit mit pseudoamerikanischem Erfolg«, befand der *Telegraph*. Das Blatt hat recht: Die Show lockte zehn Millionen Zuschauer vor den Bildschirm.

Im Finale gewann der Waliser Paul Potts mit Opernarien. Jetzt darf er vor der Queen bei der »Royal Variety Show« singen, er hat einen Scheck über 100.000 Pfund und einen Plattenvertrag in der Tasche. Der 36-jährige Handy-Verkäufer träumte von der Oper, seit er acht Jahre zuvor als Pavarotti verkleidet an einem Karaoke-Wettbewerb teilnahm und Letzter wurde. Der Mann sei eigentlich der geborene Verlierer, stellte der *Telegraph* anerkennend fest: Nachdem er 20.000 Pfund ausgegeben hatte, um Gesangsunterricht zu nehmen, musste er sich den Blinddarm herausnehmen lassen. Dabei entdeckten die Ärzte einen Tumor. Kaum war er von der Operation genesen, brach er sich das Schlüsselbein. Insgesamt verbrachte er zwei Jahre im Bett. Der *Guardian* entgegnete empört, dass Potts gar kein Loser sei: Er saß jahrelang für die Liberalen Demokraten im Stadtrat. Wo ist da der Widerspruch?

Wenn die Anti-Superstar-Show nicht läuft, sitzt der Brite aber am Computer, und zwar durchschnittlich 164 Minuten täglich, während er nur noch 148 Minuten fernsieht. Dabei entgehen ihm solche Perlen wie die »Antiques Roadshow«, die seit einem Vierteljahrhundert jeden Sonntagabend ausgestrahlt wird. Es gibt auf der ganzen Welt vermutlich keine Sendung, die mehr nach Verwesung riecht, weil darin nur Tote-Oma-Antiquitäten vorkommen, die sich kein normaler Mensch unter 90 in die Wohnung stellen würde.

»Stellen Sie sich das Schlafzimmer einer verstorbenen alten Dame vor«, schrieb eine Zeitung gehässig. »Es ist angefüllt mit dunkelbraunen Möbeln und deprimierenden Gemälden viktorianischer Amateure, in der Ecke ein Schaukelstuhl, auf dem Bett ein Steiff-Teddybär. Auf dem Regal über dem Kamin liegt ein Elefantentöter aus Mahagoni und ein Brief von Beatrix

Potter. Entweder sitzt unten Norman Bates, oder sie haben die ›Antiques Roadshow‹ eingeschaltet.«

Die versnobte Sendung, die Verachtung für alles Moderne – also später als 19. Jahrhundert – ausströmt, wird jedes Mal aus einem anderen Winkel des Vereinigten Königreichs übertragen, damit die Verwandten der verstorbenen alten Ladys den geerbten Plunder ins provisorische Studio tragen können – in der Hoffnung, dass sich darunter irgendetwas befindet, das vielleicht doch nicht in die Mülltonne gehört. Wenn die ebenso antiken Experten, meist längst pensionierte Antiquitätenhändler mit steifem Kragen und Fliege, einem Gegenstand bescheinigen, dass er ein Stück Sozialgeschichte sei, bei dem man unmöglich über den finanziellen Wert sprechen könne, sieht man dem enttäuschten Eigentümer an, dass er genau darüber gerne gesprochen hätte. Meistens lügt er dann, dass er sich von dem guten Stück ohnehin nie trennen würde.

Die »Antiques Roadshow« hat sogar eine eigene Internetseite, was ziemlich absurd ist. Es wäre das gleiche, wenn sich ein Fahrradclub eine Tankstelle zulegte. Wer sich für die auf der Seite vorgestellten vergammelten Teddybären und verbeulten Teekessel interessiert, hat garantiert keinen Internetzugang. Die Behauptung des *Guardian*, dass die BBC den Experten und dem Publikum Gehhilfen und Rollstühle für die Dauer der Sendung leiht, wurde vom Sender allerdings dementiert. In wenigen Jahren steht die »Antiques Roadshow« ohne Publikum da, denn dann wird das Analogsignal abgeschaltet. Und das fossile Zielpublikum verfügt laut einer Untersuchung nun mal lediglich über Analogfernseher. Vielleicht können die Leute ja zur letzten Sendung diese Fernseher und die Betamax-Videorecorder ins Studio bringen und von Experten schätzen lassen.

Um das jüngere Publikum vor den Bildschirm zu locken, muss man wenigstens internationale Verwicklungen heraufbeschwören. Den Produzenten von »Big Brother« ist das gelungen. Anfangs wurden, wie überall im europäischen Sendegebiet, bei der sterbenslangweiligen Sendung wildfremde Menschen wochenlang in einen Container gesperrt. Fernsehzuschauer, denen offenbar sämtliche soziale Kontakte abhandengekommen waren, durften jede Woche einen Containerbewohner hinauswählen.

Doch bald wurde das selbst den hartgesottensten Trivialfans zu öde. So ersann man »Celebrity Big Brother«, bei dem Möchtegerne und Vergessene auf einen Karriereschub hoffen. In Großbritannien wird der Unfug vom einst ernstzunehmenden Sender *Channel 4* ausgestrahlt. Schon bald berichteten aber nur noch Boulevardzeitungen über das dümmliche Spektakel. Wer diese Blätter liest, kann wohl auch dem trüben Treiben im Big-Brother-Haus einen Unterhaltungswert abgewinnen.

Dann schickte die Produktionsfirma die 25-jährige Jade Goody ins Rennen. Deren Ruhm begründet sich darauf, dass sie eine der ersten Big-Brother-Staffeln nicht gewonnen hatte. Damit sie sich nicht so allein fühlt, zogen auch ihr Freund und ihre Mutter ins Big-

Brother-Haus ein. Zur Mutter hat sie ein besonderes Verhältnis: »Ich behandle meine Mutter wie eine Mutter, und sie behandelt mich wie eine Tochter«, enthüllte sie.

Goody ist ein typisches Produkt des englischen Bildungssystems. Sie glaubt, Pfauen haben ihre Augen in den Federn, Croquet werde auf Pferden gespielt und Rio de Janeiro sei ein Fußballer. Außerdem nahm sie an, Cambridge liege in London. Als ihr jemand erklärte, es befinde sich in der Grafschaft East Anglia, antwortete sie überrascht: »Ach, es liegt im Ausland?« Dann verkündete sie, es sei ihre Ambition, einmal Premierministerin zu werden. Warum eigentlich nicht? Bei solch phänomenalen geographischen Kenntnissen bestünde zumindest keine Gefahr, dass sie gegen fremde Länder Krieg führt. Lediglich East Anglia müsste sich in Acht nehmen.

Das alles wäre wenig bemerkenswert, wenn sich Goody nicht mit zwei genauso schlichten Mitbewohnerinnen – eine hält Winston Churchill für den ersten schwarzen US-Präsidenten – zusammengetan hätte, um die Bollywood-Schauspielerin Shilpa Shetty zu mobben. Sie äfften ihren indischen Akzent nach, wünschten sie »zurück in ihren Slum« und beleidigten sie ständig, so dass *Channel 4* alle Nase lang mit einem Piepston zensieren muss. Die Spekulation, Goody habe Shetty als »verdammten Paki« beschimpft, wies der Sender empört zurück: Sie habe sie lediglich als »blöde Fotze« bezeichnet.

Am Ende wurde Goody von den Zuschauern aus der

Serie hinausgewählt. Schade. Wenn sich niemand an der albernen Wahl beteiligt hätte, müssten die Teilnehmer bis zum Sanktnimmerleinstag im Big-Brother-Käfig schmoren.

Goody starb im Frühjahr 2009 an Krebs. Sie ließ die Öffentlichkeit an ihrem langen Leiden teilhaben und verkaufte ihre Geschichte an eine Boulevardzeitung.

Britisches Radio ist nicht unbedingt eine Alternative zum flimmernden Flachsinn. Ein Tim Shaw hat erklärt, dass seine Frau Hayley Shaw sich von ihm getrennt habe. Unglücklicherweise hat die mediengeile Nervensäge eine spätabendliche Radiosendung bei »Kerrang!«, dem Ableger der Metal-Postille gleichen Namens, wo er seinen Dünnpfiff absondern kann. Der Sender sitzt im englischen Birmingham, und damit er über die Stadtgrenze hinaus bekannt wird, hat Shaw in seiner »Asylum Show« schon allerhand Ekelhaftes geleistet.

Er streute sich angeblich Pfeffer in die Augen, verpasste seinen Genitalien einen Stromschlag und tauchte seinen Kopf in einen Eimer, der mit dem Urin seines Produzenten Greg Pebble gefüllt war, um einen Apfel mit den Zähnen herauszufischen. Das ist der berühmte englische Humor. Radiohörer sind dabei auf ihre Phantasie angewiesen. Da sie als Engländer über die gleiche Art von Humor wie Shaw verfügen, können sie sich das alles vermutlich gut vorstellen und finden es amüsant.

Shaw verschweigt gerne, dass er einen Universitätsabschluss hat, was im Interesse der Universität ist. Dafür brüstet sich die Knalltüte stets damit, dass er bisher noch bei jeder Anstellung fristlos gefeuert worden ist. »Kerrang!«-Chef Andrew Jeffries warf ihn ebenfalls während einer Sendung hinaus. Daraufhin brachen Shaw und Pebble ins Haus von Jeffries ein, zertrümmerten ein paar Fensterscheiben, beschmierten die Wände und versteckten den Fernseher und ein paar Wertgegenstände. Als Jeffries und seine Frau aus dem Kino kamen, glaubten sie an einen Einbruch, bis Shaw und Pebbles mit dem Mikrofon in der Hand aus einem Schrank sprangen. Der Zwischenfall wurde live übertragen. Shaw und Pebble wurden suspendiert, doch nach einer Unterschriftenkampagne der Hörer wieder eingestellt. Der Einbruch stellte sich später als Werbegag heraus. Es hätte »Kerrang!« weit mehr als ein paar Fensterscheiben und einen Eimer Farbe gekostet, um landesweit in die Presse zu kommen.

Abermals schaffte es Shaw in die überregionalen Medien, als er Jodie Marsh interviewte – jenes erblondete Fotomodell, das bei »Ich bin ein Star – holt mich hier raus« tatsächlich als erste herausgeholt wurde, einen Weinkrampf bekam und die Zuschauer verfluchte. Shaw säuselte der Blondine während der Sendung ins Ohr, dass er für sie auf der Stelle seine Frau verlassen würde. Die saß zu Hause am Radio und sann auf Rache. Flugs versteigerte sie den 25.000 Pfund teuren Lotus-Sportwagen des Gatten bei Ebay für 50 Pence. Spätere Nachforschungen ergaben, dass der Wagen von einem Freund der Familie ersteigert worden war, doch da hatten die Medien bereits wie geplant über das rachsüchtige Luder und ihren fiesen Ehemann berichtet.

Nur einmal, so wünscht man sich jedenfalls, war die Vorstellung echt: Als Shaw Oralsex mit einer Wurst imitierte, platzte die schlaffe englische Spezialität in seinem Mund und erstickte ihn beinahe. Ein Notarzt holte ihm das Nahrungsmittel in letzter Sekunde aus der Luftröhre. Kann man den Arzt dafür zur Rechenschaft ziehen?

So sind sie jedenfalls, die britischen Medien.

Gedopte Minister und die parlamentarische Biergruppe

Der Engländer und seine Politiker

©TOM

Die britischen Regierungsmitglieder sind die Radrennfahrer der Politik. Wie im Radsport, so hat auch bei ihnen das erste Dopinggeständnis eine Beichtlawine losgetreten. Offenbar setzen sie auf den Zabel-Effekt. Die Popularität des Radlers ist nach seinem tränenreichen Doping-Geständnis sprunghaft gestiegen.

Fast die gesamte britische Regierung hat gedopt. Als erste trat die damalige Innenministerin Jacqui Smith an die Öffentlichkeit. »Ja, ich habe es getan«, sagte sie, allerdings ohne dabei zabelesk zu weinen. »Es geschah, als ich auf der Universität war. Ich halte das heute für falsch und habe es seit 25 Jahren nicht mehr getan.« Als nächster war Schatzkanzler Alistair Darling dran: »Ich habe es manchmal in meiner Jugend getan.«

Dann warfen sie sich wie die Lemminge vor die Kamera: Transportministerin Ruth Kelly, Unternehmensminister John Hutton, Staatssekretär Andy Burnham, Gemeindeministerin Hazel Blears und Wohnungsministerin Yvette Cooper. Die bisher letzten, die öffentlich bereuten, waren Staatssekretär John Denham und die stellvertretende Labour-Chefin Harriet Harman. War auch Tony Blair gedopt, als er in den Irakkrieg zog? Er bestreitet es: »Mein Vater hat es mir verboten.« Insgesamt haben jedenfalls mindestens neun Kabinettsmitglieder gedopt.

Freilich haben sie sich nicht mit Amphetaminen, Testosteron oder Eigenblut vollgepumpt, sondern mit Cannabis. Die Tories würden das Geständnis-Happening gerne ausnutzen, um die letzten drei Wahlen annullieren zu lassen, aber sie können es nicht. Zum einen gibt es Gerüchte, wonach Parteichef David Cameron sich in seiner Jugend gar nicht erst mit solchen Kinkerlitzchen aufgehalten, sondern gleich härtere Drogen genommen habe. Zum anderen hat ein halbes Dutzend der Top-Tories in der Vergangenheit zugegeben, ebenfalls Cannabis geraucht zu haben. Fünf von ihnen wollen nur ein einziges Mal an einem Joint gezogen haben, mussten husten und fanden es widerlich.

Nur Boris Johnson, der Londoner Bürgermeister, erklärte, regelmäßig einen Joint durchgezogen und auch Kokain geschnupft zu haben. »Ich erinnere mich genau«, sagte er. »Es war großartig. Aber heutzutage ist das anders. Das Zeug ist jetzt viel stärker.« Er meint, man müsse nun einen Strich unter die Vergangenheit ziehen. Oder eine Linie?

Jacqui Smith, die den Beichttrieb bei Labour ausgelöst hat, machte zum Beweis ihrer Läuterung Cannabis wieder zur Droge der zweithöchsten Klasse B, deren Besitz eine Verhaftung nach sich zieht. 2004 wurde es auf Klasse C heruntergestuft. Das Kraut gehört offenbar zur Standardausrüstung britischer Innenminister. Einer von Smiths Vorgängern, Charles Clarke hat früher Joints geraucht. Bei dem anderen, John Reid, fand die Polizei Cannabis, das ihm jemand untergeschoben haben müsse, wie Reid mit ernster Miene versicherte.

Manchmal haben es Innenminister aber auch nicht leicht. Vor allem, wenn sie ungebetene Ratschläge erhalten, wie es Smith ergangen ist. Sie solle gefälligst dafür sorgen, dass nur noch christliche Einwanderer ins Land dürfen, meinte Michael Nazir-Ali. Er und seine Eltern waren Muslime, bis sie von Pakistan nach Großbritannien umzogen und zum Christentum übertraten. Der kleine Michael wurde fortan streng anglikanisch erzogen, und weil er ein Streber ist, wurde er Pfarrer und schließlich Bischof von Rochester. Er ist der einzige asiatische Bischof in der Church of England.

Das reichte ihm aber nicht. Er wäre gerne Erzbischof geworden, aber stets wurden andere ihm vorgezogen. Dabei hatte er doch alles getan, um sich für das hohe Amt zu qualifizieren. Er hatte die Rechte für Homosexuelle angeprangert und gegen die Ordination schwuler Priester gewettert, er hatte ökumenische Initiativen verteufelt und den Angriff auf den Irak gutgeheißen. In letzterem Fall ist er allerdings etwas über das Ziel hinausgeschossen, weil seine eigene Kirche den Irakkrieg durchaus kritisch sieht. Aber Konvertiten sind nun mal die Schlimmsten.

Dann warnte er in einem Interview mit einem Boulevardblatt, dass islamische Extremisten mitten in Großbritannien »no go areas« geschaffen haben, in die sich Andersgläubige oder Weiße nicht mehr hineintrauen. Wo diese Ghettos zu finden sind, verriet er allerdings nicht. Wie auch? Es gibt in Großbritannien im Gegensatz zu manch anderen Ländern keine Segregation nach rassistischen oder religiösen, sondern vor allem nach sozialen Gesichtspunkten. Und da geraten die osteuropäischen Immigranten leicht ins Hintertreffen, weil sie von weißen, englischen Jugendlichen regelmäßig vermöbelt und vertrieben werden.

Applaus bekam Nazir-Ali wenig überraschend von den Tories. Deren Innenminister im Schattenkabinett, David Davis, sagte: »Hört, hört! Der Bischof hat auf ein sehr ernstes Problem hingewiesen!« Labours Unterstützung für multi-kulturelle Initiativen fördere eine »freiwillige Apartheid«, dünnbrettbohrte Davis. Und die *Daily Mail* assistierte mit einer Statistik, wonach sich 40 Prozent der Muslime lieber einem Scharia-Gericht als der britischen Justiz unterwerfen würden. In Anbetracht der zahlreichen Fehlurteile, die Dutzende Unschuldiger – wie die Birmingham Six, die Guildford Four oder die Maguire Seven – für 16 bis 17 Jahre in den Knast schickten, wäre eine Auspeitschung vielleicht keine schlechte Alternative.

Das findet die *Daily Mail* nicht. »Die Vorstellung, dass wir ein zweigleisiges Rechtssystem haben, in dem manche nach einem System der Rechtsprechung und andere nach einem anderen bestraft werden, ist nicht praktikabel«, mahnte das Blatt, als ob Großbritannien kurz vor der Einführung eines solchen Systems stünde.

Bischof Nazir-Ali macht nicht-christliche Einwanderer auch für die fallenden Besucherzahlen bei der anglikanischen Messe verantwortlich. Deshalb will er nur Christen einwandern lassen. »Natürlich«, höhnte die muslimische Journalistin Yasmin Alibhai-Brown im *Guardian*, »wir ziehen sonntags herum und binden die Christen fest, damit sie nicht beten können.«

Dabei wäre es besonders wichtig, die Hände zum Gebet frei zu haben. Die anglikanische Kirche hat die Offensive »Geld und Leben« gestartet. Mit Hilfe von Bibeltexten und speziell dafür verfassten Gebeten will man denjenigen, die sich verschuldet haben und Kredithaien zwischen die Zähne geraten sind, zu neuer Hoffnung verhelfen. Wenn man Schulden wegbeten kann, so kann man vermutlich auch Hirn herbeibeten. Dann könnte dem Bischof von Rochester doch noch geholfen werden.

Den Nazis dagegen ist nicht mehr zu helfen. Man kann ihnen nicht trauen. Das findet auch der Chef der rechtsextremen British National Party (BNP), Nick Griffin. Er hat seine eigenen Mitglieder bespitzelt, ihre E-Mails abgefangen, Telefongespräche abgehört und den Computer aus dem Haus einer Aktivistin stehlen lassen. Die Polizei ermittelt inzwischen gegen Griffin und andere Mitglieder der Parteiführung.

BNP-Sprecher Simon Derby bestreitet, dass man irgendetwas Unrechtes getan habe. Der Computer gehöre der Partei, sagte er. Darüber hinaus haben laut Derby einige Mitglieder einen Coup gegen Griffin geplant, und denen habe man den Kampf angesagt. Es handelt sich dabei um die beiden Parteiorganisatoren Sadie Graham und Kenny Smith.

Graham behauptet, Leute des parteiinternen Nachrichtendienstes haben sich Zugang zu ihrem Haus verschafft, Abhörwanzen versteckt und ihren Computer mitgehen lassen. Auf der BNP-Internetseite war später ein Telefongespräch zwischen ihr und Smith zu hören, bei dem über den Sturz von Griffin gesprochen wurde. Smith und Graham wurden aus der Partei ausgeschlossen.

Derby leugnet, dass Grahams Haus verwanzt worden sei. Vielmehr habe sie versehentlich eine Nummer gewählt, durch die das Handy-Gespräch aufgezeichnet wurde. »Ich glaube, das kann man als katastrophalen Fehler ihrerseits bezeichnen«, sagte er. »Und was die nationalistische Politik in diesem Land angeht, so stehlen wir immer noch allen anderen die Show.«

Das könnte sich bald ändern. 50 führende Parteimitglieder sind aus der Fraktion ausgetreten. Nick Lowles von der antifaschistischen Organisation Searchlight sagte, weite Teile der Partei im Norden Englands und in Schottland seien gegen Griffin und die Parteiführung. »Das ist eine ernst zu nehmende Spaltung«, sagte er. »Eine Versöhnung beider Seiten ist schwer vorstellbar. Eine der beiden Gruppen wird die Partei wohl verlassen müssen.« Am besten alle beide. Überraschend war an der Affäre lediglich der Medienrummel: Was ist von einem Schwein anderes zu erwarten als ein Grunzen?

Apropos Schwein: Im britischen Unterhaus sollte vor ein paar Jahren eine »schweinische und ekelerregende

Ausstellung obszönen Materials« stattfinden. Wollte der Schatzkanzler etwa vorzeitig seinen Haushaltsplan vorlegen? Weit gefehlt. Es ging um harte Pornomagazine. Die Tory-Abgeordnete Ann Winterton wollte den Unterhaus-Kollegen ihre schmutzige Heftchensammlung vorlegen, damit die behüteten Parlamentarier mit eigenen Augen sehen konnten, womit unter britischen Ladentischen gehandelt wird.

Winterton zählte auf, was sie alles zu bieten hatte: »Kindesmissbrauch, Sodomie, oraler Sex und sowohl homosexuellen als auch heterosexuellen Gruppen- und Analverkehr.« Für jeden Parlamentariergeschmack war also etwas dabei. Und den Abgeordneten, die alles zu kennen glaubten, versprach sie ein paar Überraschungen: »Das Material enthält noch andere gewalttätige und abnorme Sexualpraktiken. Es wäre aber unpassend, sie hier aufzulisten.« Der Werbetrick wirkte. Über 300 Abgeordnete beantragten Eintrittskarten für die grausige Ausstellung, um sich stellvertretend für die Wähler ekeln zu können.

Volksvertreter haben es nicht leicht. Sie sind vielbeschäftigt, weil sie sich im Namen des Volkes abrackern. Dafür erwarten sie natürlich auch etwas Anerkennung – am liebsten in klingender Münze. Englische Parlamentarier nehmen aber auch gerne Wertsachen oder Naturalien.

Während sich der Labour-Abgeordnete Tony Banks mit zwölf Gläsern Honig für seine Tätigkeit als parlamentarischer Berater der Londoner Imkervereinigung bescheiden musste, kassierten seine Kollegen Satellitenschüsseln, Cartier-Füllfederhalter und wertvolles Porzellan.

Labour-Mann Don Dixon ließ sich eine Frankreichreise von der »parlamentarischen Biergruppe« bezahlen. Das ist vermutlich eine Art Stammtisch – mit dem beneidenswerten Unterschied, dass die Trinker in diesem Fall für ihr Hobby bezahlt werden. Dixon behauptete, er sei in Frankreich einer britischen Bierschmugglerbande auf der Spur gewesen. In Anbetracht der labbrigen, warmen, gelben Brühe, die in England als Bier gilt, können die Schmuggler wohl auf Notwehr plädieren.

Während die Abgeordneten Bierschmuggler jagen, muss so manche Unterhaus-Debatte vor leeren Rängen ausgetragen werden. Umso lobenswerter, dass sie nach Wintertons Aufruf ihrer schweren Pflicht so zahlreich nachkamen. Will man über Kinderpornographie entscheiden, muss man schließlich das Material vorher gründlich studieren. Winterton bekannte: »Ich bin keineswegs prüde, aber ich war tief schockiert, dass solches Material nun zunehmend erhältlich ist.«

Wintertons Idee war nicht neu: Bereits drei Wochen zuvor trafen sich die Abgeordneten zum Fernsehabend. Auf dem Programm stand *Red Hot Dutch*, ein Hardcore-Pornokanal, der nicht nur in Großbritannien über Satellit empfangen werden kann. Dazu benötigt man allerdings einen Decoder mit gebührenpflichtiger Plastikkarte. Die britischen Regierung konnte das nicht verbieten, weil Satellitenprogramme laut EU-Vorschrift nicht mit den gesetzlichen Bestimmungen des Empfängerlandes, sondern lediglich des Sendelandes in Einklang stehen müssen – und das war in diesem Fall Dänemark. Aber die Abgeordneten wollten zumindest sehen, was sie nicht verbieten können. Der Andrang war so groß, dass die Vorführung in einen größeren Tagungsraum verlegt werden musste. Was danach mit dem Decoder geschah, ist nicht bekannt.

Böte sich hier nicht ein Weg aus der Rezession? Statt die Tickets zu verschenken, sollten sie zu gesalzenen Preisen verscherbelt und mit einer Vergnügungssteuer belegt werden. In den Ecken des Plenarsaales könnten Séparées eingerichtet werden – blauer Vorhang für die Tories, roter Vorhang für Labour.

Die Engländer sind ohnehin ein Volk von Spannern. Nachdem die Boulevardblätter die königliche Familie bis auf die Knochen ausgelutscht hatten, waren die Parlamentarier an der Reihe. Am lustigsten waren die Enthüllungen über David Mellor, aber das ist schon eine Weile her. Damals waren die Tories noch an der Macht, und Mellor war Minister für kulturelles Erbe.

In seinem Privatleben hat er sich jedoch eher mit Zeitgenössischem beschäftigt. Genauer gesagt: mit der 30-jährigen spanischen Schauspielerin Antonia de Sancha, deren größter Filmauftritt die Rolle einer beinamputierten Prostituierten war, die es mit einem Pizzalieferanten treibt. Behauptete der *Daily Mirror*. Und er wusste noch mehr: »Es geschah mitten in der Nacht. David Mellor kroch in ihr Schlafzimmer und begann, Shakespeare zu rezitieren. Sein blasses, nacktes Fleisch glühte im Kerzenschimmer.«

Die skandalgestählten Leser erfuhren, dass der nationale Erbschaftsverwalter gleich in der ersten Nacht vier verschiedene Stellungen ausprobiert hatte und danach von de Sancha übers Knie gelegt wurde. Am liebsten sprang Mellor im Trikot des FC Chelsea zur Schauspielerin ins Bett. Die *Sun*, deren Leser über wenig Phantasie verfügen, präsentierte den Minister auf der Titelseite per Fotomontage im Chelsea-Outfit – mit Shorts allerdings, denn bei Schlägen unter die Gürtellinie reicht selbst die Vorstellungskraft der *Sun*-Leserschar. Dann tauchten auch noch Tonbänder auf: Nachrichten, die der verheiratete Minister grob fahrlässig auf dem Anrufbeantworter seiner Freundin hinterlassen hat. Diese sammelte alles und spielte das unbeholfene Balzgeplapper ihren Freunden vor, die sich vor Vergnügen auf dem Boden wälzten – und alles brühwarm der Presse erzählten.

In England, so scheint es, wimmelt es von falschen Freunden, die nur auf eine Gelegenheit warten, irgendjemanden ans Messer zu liefern. Darüber hinaus tauchen merkwürdigerweise bei jedem Skandal Tonbandmitschnitte von Privatgesprächen auf – sei es bei »Dianagate«, beim Milliardenschwindler, dem Verleger Robert Maxwell, oder beim obersten Traditionspfleger Mellor. Offenbar ist die Hälfte der Bevölkerung damit beschäftigt, die andere Hälfte auszuspionieren.

Der Versuch, nach französischem Vorbild ein Gesetz zum Schutz der Privatsphäre einzuführen, stieß damals auf erbitterten Widerstand. Wortführer der Spanner war ausgerechnet David Mellor. Vermutlich ohrfeigte er sich später dafür zweimal täglich, denn die lächerliche Affäre hat ihn seine Tory-Karriere gekostet. Die *Daily Mail* hatte behauptet, dass Mellors Freund, der Bauunternehmer Elliott Bernerd, dem Minister während des Wahlkampfes nicht nur seinen Mercedes, sondern auch seine Wohnung »als Liebesnest« überlassen habe. Im Gegenzug soll Mellor ein millionenschweres Bauprojekt zwischen Bernerd und dem damaligen Vorsitzenden des FC Chelsea, Ken Bates, vermittelt haben. Hatte er dafür das Chelsea-Trikot erhalten?

Selbst das britische Oberhaus hat einen gewissen Unterhaltungswert. Vor einiger Zeit debattierte die Fossilienrunde über ethnische Minderheiten, Jugendliche und innerstädtische Probleme. Ein potentiell spannendes Thema, zumal die Lords offenbar über den nötigen Sachverstand verfügen. »In meinem Beruf als Lehrer habe ich früher Jugendliche getroffen, meine Lords«, entpuppte sich der 63-jährige Lord Elton als Experte. Die Wiedereinführung der Wehrpflicht würde die Jugendlichen schon zur Räson bringen, gab er seine Erkenntnisse zum Besten.

Der Bischof von Sheffield trifft sogar heute noch gelegentlich auf Jugendliche: »Sie lungern auf der Kirchentreppe herum und trinken große Mengen Cider«, entsetzte sich der Greis in Schwarz. Und wer nicht Cider trinkt, raucht Cannabis oder spritzt Heroin – der Bischof verbriet sämtliche Klischees, die er in der *Sun* aufgeschnappt hatte. In diesem Augenblick erhob sich der vermutlich von Schlafstörungen gepeinigte

Lord Bonham-Carter, murmelte etwas von »den Lehren von Los Angeles« und ließ sich wieder in den Sessel plumpsen, wobei er fatal an den bebrillten Alten aus der »Muppet Show« erinnerte.

Seine geriatrischen Kollegen brüteten minutenlang über den kryptischen Hinweis Bonham-Carters, bis sie von Baronin Hollis aus ihren Gedanken gerissen wurden. Die Baronin ist sozusagen das Küken des Altersheims: Sie ist unter 60 und kann mühelos zwei zusammenhängende Sätze formulieren, die sie hin und wieder gar mit einem Relativsatz garniert. Unglücklicherweise hält ihre Geisteskraft nicht mit ihrem rhetorischen Geschick mit. »Die Situation in den Innenstädten ist schlimm und wird immer schlimmer«, plapperte sie vor sich hin.

Die Situation im Oberhaus wurde ebenfalls immer schlimmer: Lord Beaumont aus der Grafschaft Surrey im vornehmen Süden Englands ergriff das Wort. »Ich schaffe es nicht, von meinem Haus an diesen Ort zu gelangen, ohne Geld an Bettler loszuwerden«, stöhnte er, bevor er einräumte, dass das auch eine positive Seite habe: »Wenigstens ist es gut für meine Seele.« Die Bettler Londons werden es mit Freude vernehmen und alles daransetzen, um dem alten Herrn zu seinem Seelenfrieden zu verhelfen.

Der aufregendste Diskussionsbeitrag des Tages kam von Baronin Seear. Sie rappelte sich erstaunlich behende aus ihrem Sitz auf und schrie: »Es ist doch unheimlich aufregend, einen Bruch zu machen!« Was hat die alte Dame bloß in ihrer Jugend getrieben? Mit ihren

79 Jahren kann sie sich jedenfalls wohl kaum noch an Regenrinnen hochhangeln. Bevor ihren Kollegen die Restphantasie durchging, erklärte ihnen die Baronin jedoch, dass sie lediglich auf die Langeweile hinweisen wollte, die Jugendliche ins Verbrechen treibe.

Glücklicherweise waren im Oberhaus keine Jugendlichen anwesend – sie wären angesichts der senilen Debatte unweigerlich ins Verbrechen getrieben worden. Wer hat eigentlich die Phrase von der Altersweisheit erfunden? Es kann niemand gewesen sein, der jemals einer Oberhausdebatte beigewohnt hat.

Milchmänner sind das Böse schlechthin

Der Engländer und seine Richter

Milk
Miller
Milk
©TOM

In keinem anderen Land ist das Netz der Überwachungskameras so dicht wie in Großbritannien. Seitdem zwei Zehnjährige 1993 in Liverpool mit Hilfe solcher Kameras des Mordes an einem Dreijährigen überführt werden konnten, nutzt Big Brother Innenminister das als Argument für immer umfassendere Schnüffelei. Zwar konnten die Anschläge auf drei Londoner U-Bahnen und einen Bus 2005 nicht verhindert werdcn, aber wenigstens konnte die Nation die vier Täter danach mit Hilfe des Filmmaterials aus Überwachungskameras gebannt auf ihrer tödlichen Reise begleiten.

In Middlesbrough ist man einen Schritt weiter gegangen: Sieben von 158 Kameras in der Innenstadt sind mit Lautsprechern ausgerüstet worden. Falls das Experiment erfolgreich ist, soll es auf die Wohnviertel ausgedehnt werden. Jack Bonner, der das Experiment leitet, ist jetzt schon begeistert. »Das ist eine höllische Abschreckung«, sagt er. »Wenn diese Kamera laut und deutlich ausposaunt, was man gerade falsch gemacht hat, schämen sich die meisten Leute so sehr, dass sie sich schleunigst verdrücken und keinen Ärger mehr machen.«

Die Kameras werden von einem Kontrollzentrum im Busbahnhof der Stadt bedient. Entdecken die

Mitarbeiter, dass jemand Müll wegwirft, in einer alkoholfreien Zone auf offener Straße Schnaps trinkt oder einen Joint anzündet, weisen sie ihn höflich, aber bestimmt auf sein Fehlverhalten hin. Die Mitarbeiter mussten Schulungskurse absolvieren, wo ihnen Lautsprecherkamera-Etikette beigebracht wurden. »Wenn der Täter kooperiert, bedanken wir uns artig«, sagt Bonner. Also ungefähr so: »Würde der maskierte Herr bitte erwägen, der Lady ihre Geldbörse zurückzugeben? Danke sehr.«

Eines Abends sei es vor einem Nachtklub zu einer Schlägerei gekommen, sagt Bonner. Als die Stimme aus der Kamera die beiden Herren bat, sofort damit aufzuhören, machten sie sich verdutzt aus dem Staub – und setzten ihre Prügelei vermutlich außer Sichtweite fort. Einen Radfahrer ermahnte die Kamera: »Würde der junge Mann auf dem Fahrrad bitte absteigen, da er gerade in einer Fußgängerzone radelt?« Der junge Mann fiel vor Schreck vom Rad.

Die Mitarbeiter können aber auch hilfsbereit sein. Ein Inder, der eine Tüte verloren hatte, wurde per Lautsprecher darauf hingewiesen, dass er seinen Elefantenfußteller aufheben solle. »Sonst hätte der arme Kerl vom Boden essen müssen«, sagt Bonner.

Ein ähnliches Überwachungsexperiment hatte es bereits in verschiedenen englischen Städten gegeben. Die unbemannten Kameras wurden in dunklen Ecken aufgestellt, in denen sich nachts Prostituierte und Drogendealer herumtrieben. Spürte der Bewegungsmelder im Umkreis von 30 Metern eine Bewegung auf, machte die Kamera ein Blitzlichtfoto und rief: »Verlasse sofort die Gegend!«

Das Problem war, dass die Kameras eine Hure mit einem Kunden nicht von einer Oma mit einem Hund unterscheiden konnten. In Wakefield klauten Unbekannte 60 dieser sprechenden Kameras, obwohl die lauthals schrien. Das führte dazu, dass eine ältere Anwohnerin glaubte, Gottes Stimme zu hören. Und die befahl ihr, sofort die Gegend zu verlassen. Seitdem wurde sie nicht mehr gesehen.

Noch verhasster als die Überwachungskameras sind die Angestellten privater Sicherheitsfirmen, die Falschparker auf Privatgrundstücken mit Metallkrallen lahmlegen. Die modernen Wegelagerer, die von den Grundstücksbesitzern meist kein Geld nehmen, sondern lediglich von dem Lösegeld leben, das sie für die Freilassung der Blechkisten verlangen, kassieren nach Gutdünken zwischen 50 und 240 Pfund. Dabei bestehen sie auf Bargeld. Wer nichts dabeihat, muss ein Pfand herausrücken, damit das Auto freigegeben wird. Eine Frau aus London musste ihren Goldzahn hinterlegen, ein Mann aus Liverpool seinen neuen Videorecorder. In einem Fall verlangte die Privatkralle gar das Kind einer Parksünderin als Geisel.

Um auf ihre Kosten zu kommen, gehen die Firmen recht listig vor: Autofahrer behaupten, dass die Angestellten die Warnschilder abmontieren, um die Autos auf verbotenes Gelände zu locken. Kaum haben die Ahnungslosen geparkt, werden die Schilder wieder angeschraubt und der Wagen festgekrallt. Die Privatfirmen nehmen etwa 150 Millionen Pfund im Jahr ein. Nicht immer gelingt es den Krallenmenschen jedoch, sich mit der Beute aus dem Staub zu machen. Manch Opfer zieht vor den Kadi, und meistens lenken die Firmen vor der Verhandlung ein, weil sie keinen Präzedenzfall schaffen wollen. Die 45-jährige Julie Jones aus Birmingham nahm sogar ihren Kleinwagen auseinander, um der Lösegeldzahlung zu entgehen.

Die Schwerbehinderte war per Eisenbahn von einer ärztlichen Untersuchung aus Sunderland zurückgekehrt. Ihr Mann Michael, der sie vom Bahnhof abholen wollte, hatte den Wagen so nah wie möglich am Ausgang geparkt. Als beide zum Auto zurückkehrten, hatte ein Angestellter der Firma »Uro Securities« den Wagen trotz eines großen Behinderten-Aufklebers am Auto festgekrallt. Der überaus misstrauische Mensch ließ sich nicht auf eine bargeldlose Transaktion ein, sondern verlangte »siebzig Pfund bar auf die Hand«. Daraufhin rief Frau Jones die Polizei, die ihr erklärte, dass sie die Zahlung umgehen könnte, wenn es ihr gelänge, die Kralle loszuwerden, ohne sie zu beschädigen. Das ließ sich die wütende Frau nicht zweimal sagen. Mit Hilfe ihrer Schwester und ihres Schwagers sowie zahlreicher Passanten löste sie die Radaufhängung, schob den Wagen zur Seite und zog das Rad dann lässig aus der unversehrten Kralle. Zum Abschied grüßte Julie Jones den gefoppten Krallenmonteur mit ausgestrecktem Mittelfinger.

Meistens geht die eigenmächtige Autobefreiung jedoch schief. Ein 42-jähriger aus Leicester fand nach der Taufe seines Sohnes den Wagen angekrallt vor der Kirche. In der Hoffnung, mit plattem Reifen der Kralle zu entkommen, schlitzte er das Rad mit einem Schraubenzieher auf. Beim Anfahren verkantete sich die Kralle jedoch und riss den Kotflügel ab. Am Ende musste der Mann nicht nur das Lösegeld, sondern obendrein für den Kotflügel und die beschädigte Kralle blechen.

Im Vergleich zu Milchmännern und ihren Nachkommen sind Überwachungskameras und Krallenmonteure jedoch Waisenknaben. Milchmannsohn Sting zum Beispiel, Engländer, Retter der Regenwälder und Kämpfer für Menschenrechte – solange diese Menschenrechte nicht in seinem Haus gelten. Er und seine Frau, die Gelegenheitsschauspielerin Trudie Styler, verloren einen Gerichtsprozess wegen Diskriminierung: Sie haben ihre Köchin Jane Martin, die im achten Monat schwanger war, schikaniert und schließlich gefeuert. Das Ehepaar ließ die Köchin manchmal von Wiltshire nach London anreisen, damit sie dem Sohn Spaghetti kochte. Als sie wegen einer Mageninfektion ein paar Tage krank war, fluchte Styler: »Was glaubt sie, wer sie ist? Wenn ich sie brauche, hat sie zur Verfügung zu stehen.« Das Gericht bescheinigte den Stings »beschämendes Verhalten«.

Gordon Matthew Sumner alias Sting wurde, so heißt es in seiner Biographie, als Sohn eines Milchmanns in einem Vorort von Newcastle geboren. Eines Milchmanns! Merkwürdig. Viele Prominente schreiben in ihren Biographien, dass sie Söhne von Milchmännern seien: Stephen Roche, Tour-de-France-Sieger; A. Merkel, Politiker; Gerhard Henschel, Schriftsteller; und sogar Maxwell Patternman, das US-amerikanische Pendant zu Max Mustermann, über den bei Wikipedia steht: »Sohn seiner leiblichen Eltern. Sein Vater war gelernter Milchmann.«

Was ist eigentlich so toll an Milchmännern? Okay, Seán Connery war früher einer. Und Tewje, der »Fiddler on the Roof«, war sicher auch kein schlechter Bursche. Aber ansonsten sind Milchmänner das Böse schlechthin. In »Straßenalltag«, einer US-amerikanischen Oper von 1946, klatschen ein paar Frauen über das Verhalten von Anna Maurrant, die eine freudlose Ehe führt und sich in eine Affäre mit dem Milchmann Sankey verstrickt hat. Am Ende werden beide erschossen.

Oder der Drogendealer Brian Brendan Wright, genannt »der Milchmann«, mit 890 Millionen Euro der reichste Kriminelle Englands, der zu 30 Jahren Knast verurteilt wurde. Oder Calisto Tanzi, der größter Milchmann aller Zeiten werden wollte. Der 65-jährige Gründer des italienischen Milchriesen Parmalat stürzte über den dreistesten Finanzskandal Europas.

Im Internet beschreibt ein Batzmann zehn klassische Horrorfilmrezepte. Im »Endschocker« heißt es: »Der böse Milchmann wurde in die Pasteurisiermaschine gestoßen, und die Milchpumpe hat ihm die Innereien rausgepumpt. Die Gefahr ist gebannt. Cathy (die mit den dicken Hupen) und ihr Freund Jack sind von oben bis unten mit Blut und Molke verschmiert und fallen sich glücklich in die Arme. Als sie gehen wollen, springt der Milchmann noch einmal aus dem Tank, will nach Cathy greifen, wird aber von zwei Schüssen aus einer Polizeiwaffe niedergestreckt.« In der alternativen Fassung überlebt der Milchmann, doch sein Sohn wird erschossen. Ausgestingt. Abspann, The Police spielen eine Coverversion von »No Milk Today«.

Das Sting-Urteil war nicht der einzige Lichtblick in der oft eher dunklen britischen Rechtsgeschichte. Manchmal knöpfen sich die Richter sogar die Regierung vor. So haben sie sich auf die Seite der Eingeborenen einer britischen Kolonie geschlagen, die auf der Entwicklungsstufe von Robinson Crusoes Neger Freitag stehen, wie die Regierung weismachen möchte.

Der Londoner High Court bezeichnete – vierzig Jahre nach der Tat – die Umsiedlung von 2000 Chagos-Insulanern zwischen 1967 und 1973 als »widerwärtig und rechtswidrig«. Das Londoner Außenministerium hatte damals in einer Nacht-und Nebelaktion die Bewohner der Inselkette im Indischen Ozean, die offiziell »British Indian Ocean Territory« heißt, auf ein Handelsschiff verfrachtet. Darunter waren zahlreiche schwangere Frauen, von denen einige Fehlgeburten erlitten. Die Leute wurden in den Slums von Mauritius abgesetzt, ihre in der Heimat verbliebenen Tiere wurden vergast. Denis Greenhill, der damalige Chef des diplomatischen Dienstes, tat die Menschen als »ein paar Tarzans und Freitags« ab.

Die Vertreibung geschah auf Wunsch der USA, die auf einer der Inseln, Diego Garcia, einen Militärstützpunkt errichten wollten. Von dort aus wurden die Bombenangriffe auf Afghanistan und den Irak geflogen. Im Gegenzug für die Überlassung der Insel für 50 Jahre erhielten die Briten einen hübschen Rabatt auf die Atomraketen für ihre Polaris-U-Boote.

Ursprünglich wollten die Amerikaner ihren Stützpunkt auf der Insel Aldabra errichten, die ebenfalls den Briten gehört und näher an Afrika liegt. Doch auf Aldabra lebt eine seltene Schildkrötenart. Die Einwohner von Chagos waren weniger selten, obwohl es sie offiziell gar nicht gab: 1968 hieß es in einem geheimen Regierungspapier mit dem Titel »Aufrechterhaltung des Märchens«, dass man weiterhin behaupten müsse, die Chagossianer hätten nie auf der Insel gelebt. Sie seien dort nur vorübergehend als Arbeitskräfte gewesen.

Dennoch urteilte das Londoner Gericht, dass die Vertreibung unrechtmäßig gewesen sei. Die Regierung erkannte das Urteil an – jedenfalls für einen Augenblick. Dann rief US-Präsident George Bush bei seinem damaligen Mitarbeiter Tony Blair an. Der wandte das königliche Vorrecht an und erklärte das Urteil für nichtig. So musste man sich nicht mal die Mühe machen, den Fall dem Parlament vorzulegen. Aber die Regierung zeigte sich großzügig. Anfang 2007 charterte sie ein Schiff und brachte hundert Chagossianer auf die Insel, damit sie die Gräber ihrer Verwandten pflegen konnten. Nachdem die Friedhofsblumen gegossen waren, mussten die Leute wieder zurück in ihre Slums auf Mauritius.

Das Gericht verwarf schließlich das königliche Vorrecht in diesem Fall: Schließlich sei Blair nicht die Königin, auch wenn er sich manchmal so aufführe. Olivier Bancoult, der Sprecher der Inselbewohner, forderte die Regierung auf, sich endlich mal an das Urteil zu halten. Er hätte wissen müssen, wie verpudelt diese Regierung ist. Das Herrchen aus Washington pfiff, und das Hündchen in London legte Berufung ein.

Am liebsten hätte man auch die britischen Muslime nach Mauritius oder sonst wohin verfrachtet. Weil das nicht so einfach geht, heißt das Zauberwort statt dessen »Integration«. Die regierungsnahe Organisation »Islamic Leisure«, die sich um die Freizeitgestaltung für Muslime kümmert, wollte damit ernst machen und buchte einen »Muslim Fun Day« in Alton Towers in Staffordshire: Die Gärten, die 1814 vom exzentrischen 15. Grafen von Shrewsbury angelegt und 1980 zum Vergnügungspark umgebaut wurden, sollten am diesem Tag nur für Muslime zugänglich sein.

Alkohol und Zigaretten sollten aus dem Park verbannt und die Musik abgestellt werden. Eine bekannte Fleischbrötchenkette sollte nur Halal-Burger servieren, die zehn magenstrapazierenden Achterbahnen nach Geschlechtern getrennt werden. Die Firma Tussaud's, der neben Alton Towers auch das Londoner Wachsfigurenkabinett gehört, hatte versprochen, in regelmäßigen Abständen Gebetszonen mit Teppichen einzurichten.

Islamic Leisure hoffte, dass mindestens 20.000 der 1,7 Millionen Muslime in Großbritannien Eintrittskarten für den Spaßtag kaufen würden. Da aber nicht mal tausend Tickets weggingen, musste der »Muslim Fun Day« abgesagt werden. Abid Hussan, Sprecher von Islamic Leisure, sagte betrübt: »Normalerweise würden Muslime nicht zu Vergnügungsparks wie Alton Towers gehen. Wir wollten versuchen, sie in die Gesellschaft zu integrieren.« Indem man sie segregiert?

Obwohl der Tag ausfiel, sorgte er im Internet für erhebliche Aufregung. Ein »Fraction Man« schimpfte auf der Website von Islamic Leisure über deren Ketzerei: »Als Muslime dürfen wir keinen Spaß haben. Der Prophet ist schließlich auch nie in Vergnügungsparks gegangen.« Frauen und Männer dürfen nicht interagieren, geschweige denn im selben Satz erwähnt werden, monierte »Fraction Man«. Und »Illuminate« fügte hinzu: »Frauen dürfen nicht ermutigt werden, die Küche zu verlassen.« Ohnehin hätte man den Vergnügungspark für den Tag wenigstens in »Alton Minarets« umbenennen müssen.

Die *Daily Mail* zeigte hingegen ein protestantisches Brautpaar, das ausgerechnet an dem muslimischen Spaßtag in Alton Towers heiraten wollte und nun vor der Wahl stand, ohne Alkohol und Musik zu feiern und die weiblichen Hochzeitsgäste zu verschleiern, oder die Hochzeit zu verschieben. Das Schwesterblatt *Sun*, das die Schlüsselworte jedes Artikels durch Fettdruck hervorhebt, damit auch der schlichteste Leser die Botschaft begreift, wetterte: »Was kommt als Nächstes? Ein **Einkaufstag** nur für **Muslime**?«

Die Faschisten der National Front fragten sich das

auch: »Das ist das England der Zukunft«, schrieb ein Anhänger auf der Website. »Mit einem Tag nur für Muslime in Alton Towers fängt es an.« Chris aus Bristol meinte, man müsse Alton Towers nach einem muslimischen Spaßtag lange Zeit meiden, weil überall Bomben herumliegen würden. Und P. K. aus Gloucestershire ärgerte sich, dass der Unfall einer Achterbahn, bei der zwei Wochen zuvor fast 30 Menschen in Alton Towers verletzt wurden, nicht am »Muslim Fun Day« passiert sei. Er forderte einen Spaßtag ausschließlich für weiße Engländer, die ihren Stammbaum mindestens 250 Jahre zurückverfolgen können. Eine gute Idee: Man füllt sie mit warmem Bier ab und verteilt kostenlos Baseballschläger.

Britanniens Antwort auf den Dalai Lama

Der Engländer und sein Königshaus

Charly
©TOM

Ich hatte einen Albtraum. Es ist meine erste Audienz bei der Queen, und ich weiß nicht, was mich erwartet. Zumindest wohnt sie sehr schön, zentrale Lage in London, einen Garten hinter dem Haus, ein Park gleich vor der Tür. Betritt man den Buckingham Palace durch den Haupteingang, gelangt man in eine große Halle, von der eine geschwungene Marmortreppe nach oben führt. In die Wände sind Porträtgemälde eingelassen, die von Elisabeths Uroma, Königin Victoria, aufgehängt worden sind.

Ich treffe die Königin im Musikzimmer, das früher »Bow Drawing Room« hieß. In diesem Raum sind vier königliche Babys – Prinz Charles, seine Geschwister Anne und Andrew sowie sein Sohn William – getauft worden. Wegen Letzterem hat die Queen schlechte Laune, als sie in einem hellblauen, knielangen Kleid erscheint. Sie trage Kleider durchaus mehrmals, verrät sie mir, aber nie in Gegenwart derselben Leute. Deshalb führt sie Buch über ihre Bekleidung. Ich mache artig einen Diener und frage, wie es der Familie gehe. Sie beginnt ohne Umschweife zu lamentieren.

Ob ich gelesen habe, dass William in der Mecca-Halle in der Nähe der Militärakademie Sandhurst, wo er stationiert ist, heimlich Bingo gespielt habe. »Natürlich«, antworte ich, »es war ja nicht sonderlich heimlich.« Sie nickt empört: »Bingo! Das ist doch ein Zeitvertreib für alte Damen. Wird William eines Tages vielleicht nicht King, sondern Queen?« Queen ist die umgangssprachliche Bezeichnung für Homosexuelle. »Das wäre der erste Fall in der britischen Geschichte, dass einer gleichzeitig King und Queen ist«, versuche ich zu scherzen, doch sie verzieht das Gesicht.

»Aber sein Vater ist auch nicht besser«, klagt sie. »Er hält sich für Britanniens Antwort auf den Dalai Lama.« Prinz Charles sieht sich als Dissidenten, der sich für unpopuläre Kampagnen einsetzt. Der ewige Thronfolger meint, es sei seine Pflicht, die Regierung von seinen Ansichten über aktuelle politische Fragen in Kenntnis zu setzen. Zu diesem Zweck hat er im Lauf der Jahre Hunderte von wütenden Briefen an Kabinettsminister geschrieben. Das kam bei einem Gerichtsverfahren heraus, das Charles gegen die *Mail on Sunday* angestrengt hat. Das Boulevardblatt ist in den Besitz von Charles' Tagebüchern gelangt und hatte genüsslich daraus zitiert. Die Klage des Prinzen wegen Verletzung der Privatsphäre ist ein Eigentor, denn nun plaudert sein ehemaliger Privatsekretär Mark Bolland vor Gericht aus dem Nähkästchen. Die Untertanen, die bisher geglaubt hatten, Charles rede aus Verschrobenheit mit Pflanzen, müssen nun erkennen, dass er ein realitätsfremder Wichtigtuer ist, der die ihm von der Verfassung gesetzten Grenzen ständig überschreitet.

»Und dann lässt er sich auch noch mit Leuten wie Jeremy Paxman ein, einem Fernsehjournalisten«, moniert die Königin. »Es war doch zu erwarten, dass er das nicht für sich behalten würde.« Paxman berichtete, nachdem er ein paar Tage mit Charles auf Schloss Sandringham verbracht hatte, dass sich der Thronfolger jeden Morgen sieben Eier servieren lasse, von denen er sich das beste aussuche. »Das geht doch niemanden etwas an«, findet Elisabeth. »Schlimm genug, dass das Personal nicht die Klappe halten kann. Das gemeine Volk versteht nicht, dass Charles jemanden eingestellt hat, der ihm morgens die Zahnpasta auf die Zahnbürste quetscht. Soll er das denn selber machen?« Nun ja.

Die Queen hatte Paxman auch mal auf einem ihrer berühmten Empfänge getroffen. »Danach schrieb er, dass wir den Gästen im Buckingham Palace warmen Weißwein und ein paar Teller mit Knabbereien servieren«, echauffiert sie sich. »Du kannst es ihnen nicht recht machen. Hätten wir Champagner und Beluga-Kaviar gereicht, was wir uns zweifellos leisten könnten, hätte er sich über die Verschwendung von Steuergeldern aufgeregt.«

In diesem Augenblick stürmen drei Corgis aus der königlichen Herde ins Musikzimmer, und die Miene der Queen hellt sich für einen Moment auf. Sie bestreicht ein paar Toastreiterchen mit Butter und Marmelade und reicht sie den königlichen Kläffern unter den Tisch. Mir schiebt sie einen Teller mit Knabbereien hin. Für einen Moment scheint die Welt in Ordnung, doch dann kommt sie wieder auf Charles zu sprechen.

»Diese Untertanen gönnen ihm aber auch gar nichts«, sagt sie. »Nachdem die Ärzte ihm das Polospielen wegen seines krummen Rückens verboten hatten, wollte er sich der Treibjagd auf Füchse widmen. Das hat die Regierung verboten, weil die Füchse von den Hunden so unappetitlich zugerichtet werden. So blieb ihm nur noch das Skifahren. Jetzt haben sie ihm auch das vermiest.« Charles musste seinen Winterurlaub in Klosters aus Umweltschutzgründen absagen. Er will seine Ökobilanz aufhübschen. Umweltschützer hatten öffentlich vermutet, er habe nicht mehr alle Tassen im Schrank, weil er zur Entgegennahme eines Umweltpreises mit einer Entourage von 20 Dienern nach New York geflogen ist. Dafür hatte Charles die gesamte erste Klasse eines Jumbo-Jets gebucht. Das ist ungefähr so, als ob der »Vegetarier des Jahres« seine Ernennung mit einem zünftigen Spanferkelessen feiert. Die Trophäe sei wahrscheinlich besonders schwer, höhnte der damalige britische Umweltminister David Milliband, der bei seinem Amtsantritt einen Treue-Eid auf die Krone abgelegt hatte.

Charles, der sich freiwillig verpflichtet hat, etwas zur Verringerung des Treibhausgasausstoßes beizutragen, hofft offenbar, dass die Klosters-Absage den Trip nach New York aufwiegt. Dabei ist die Ökobilanz des Obergrünen, wie er sich selbst gerne sieht, hoffnungslos versaut. Insgesamt ist Charles, der bei ökologischen Themen gerne seinen mahnenden Zeigefinger erhebt, im Jahr 2006 fast 80.000 Kilometer geflogen. Wäre er in Linienmaschinen gereist, wären knapp achteinhalb

Tonnen Kohlendioxid zusammengekommen. Aber ein Prinz reist nicht in Linienmaschinen.

Und die Mutti erst recht nicht. Im Jahr legt die königliche Familie rund 170.000 Flugmeilen zurück. Was da an Prämienpunkten zusammenkommt! Außerdem verbringen die Windsors mehrere Wochen im Jahr im Hubschrauber. Weil das Einkommen aus den immensen Ländereien und anderen Unternehmen für das Reisefieber Ihrer Majestät nicht ausreicht, bezuschusst jeder britische Steuerzahler die königliche Familie mit 62 Pence im Jahr. Was zieht die blaublütige Bagage eigentlich in die Ferne? Schließlich hat sie daheim doch ganz passable Häuser. Allein der Weinkeller im Buckingham Palace hat einen Wert von 400.000 Pfund.

Doch mit der Pracht könnte es bald vorbei sein. All die schönen Schlösser bröckeln vor sich hin, jammert die Königin. Allein um den Buckingham-Palast von Asbest zu befreien und das Gesundheitsrisiko für die Corgis zu minimieren, waren 300.000 Pfund fällig. Falls die Steuerzahler nicht eine zusätzliche Million pro Jahr herausrücken, sehe sie schwarz, meint Elisabeth: Dann werden die Paläste dichtgemacht. Muss sie dann ins Altersheim? Hat sie ihre Erbschaft etwa schon durchgebracht?

Ihre Mutti hatte ihr außer einem gigantischen Altglascontainer mit leeren Ginflaschen auch 70 Millionen Pfund hinterlassen – und zwar steuerfrei, weil die Queen 1993 einen Deal mit dem damaligen Tory-Premier John Major gemacht hatte. Da müsste eigentlich noch etwas übrig sein. Wie groß das königliche Vermögen ist und wer es nach ihrem Ableben bekommt, ist aber geheim. Während die Testamente Normalsterblicher nach dem Tod für jedermannn zugänglich sind, geht der Letzte Wille eines Blaublütigen die Öffentlichkeit nichts an.

Robert Brown, ein Buchhalter aus Jersey, findet aber, dass ihn das doch etwas angeht. Um zu beweisen, dass er zum vermurksten Windsor-Clan gehört, benötigte er das Testament der Queen-Schwester Margaret, die er für seine Mutter hält. Er hatte auf alten Fotos nämlich bemerkt, dass Margaret in der Zeit vor seiner Geburt 1955 zugenommen hatte. Elisabeth rückte aber weder das Testament und schon gar nicht eine DNS-Probe heraus, sondern berief sich auf die jahrhundertealte Tradition, wonach der Letzte Wille der Königsfamilie tabu ist.

Das gleiche Argument hatte die alte Schachtel bei ihrer Steuerhinterziehung angeführt. Doch ebenso wenig wie diese ist die heimliche Vererberei eine Tradition. Sie wurde erst 1910 eingeführt, weil man sich wieder mal eine Blamage ersparen wollte. Das ging auch lange gut, doch dann tauchte in einem irischen Archiv das Testament von Prinz Francis auf, dem Schwager von George V. Als er im Alter von 39 Jahren starb, hinterließ er zum Entsetzen der Verwandtschaft seiner Geliebten Ellen Constance den Familienschmuck. Seine Schwester Mary, die Herzogin von York, kaufte die Juwelen für damals stattliche 10.000 Pfund heimlich zurück und überredete einen Richter, die Veröffentlichung des Testaments zu untersagen. Irgendwie hat sich das königliche Pack in den vergangenen hundert Jahren kaum verändert.

Eigentlich müsste die Queen mit ihrer Steuer- und Erbschaftstrickserei den Rachen bereits vollhaben, doch sie hat auch noch Losglück: Bei einer Tombola zugunsten der Londoner Fox-Grundschule in Notting Hill gewann sie im Sommer 2007 zwei Stück Seife und ein Fläschchen Badesalz. Die Organisatoren hielten es zunächst für einen Scherz, als das Los mit dem Namen »The Queen, Buckingham Palace« gezogen wurde. Aber einer ihrer Diener, dessen Kinder die Schule besuchen, erklärte, er habe der Monarchin das Los verkauft. Sie nehme öfter an Tombolas teil, sagte einer ihrer Sprecher. »Dass sie Badesalz gewonnen hat, ist sehr amüsant«, fügte er hinzu. »Sie entspannt sich gerne in der Badewanne, und ich bin mir sicher, dass sie es kaum abwarten kann, den Preis in ihre Hände zu bekommen.« Die *Sun* hatte vor Jahren enthüllt, dass die Queen stets ihre gelbe Gummiente mit in die Wanne nehme. Der *Guardian* kommentierte die königliche Glückssträhne höhnisch: »Die Masse der Ungewaschenen freut sich mit Ihnen, Eure Majestät.«

Doch zurück zum Prinzen des Umweltschutzes. Mit der Zeugung von zwei Söhnen hat Charles seiner Ökobilanz schweren Schaden zugefügt: Jedes britische Neugeborene belastet im Laufe seines Lebens sieben Mal mehr die Umwelt als jedes chinesische Kind und 20mal mehr als jedes indische Kind. Vielleicht könnte der Prinz ja seinen Erstgeborenen opfern. Dann hätte er zwei Fliegen mit einer Klappe geschlagen: Es wäre erstens umweltfreundlich, und zweitens wäre er einen lästigen Konkurrenten um die Thronfolge los. Viele Untertanen wünschen sich nämlich, dass die Königswürde direkt von der Oma auf den Enkel übergeht. Außerdem haben die Windsors in dieser Hinsicht noch viel gut zu machen. Charles' Vorfahr George III. hatte 15 Kinder, und die Queen hat immerhin vier – das ist der Gegenwert von 80 indischen Kindern.

Davon will Elisabeth nichts hören. Charles wurde zu seinem 58. Geburtstag in den Rang eines Generals, eines Admirals und eines Generaloberst der Luftwaffe erhoben, erzählt sie. Er habe inzwischen rund 30 Ehrentitel gehamstert. »Das ist doch lächerlich«, mosert die Queen. »Seine kurze militärische Karriere endete vor 30 Jahren, als er das Minensuchboot HMS Bronington kommandierte.« Danach sagte Charles: »Ich verbrachte die meiste Zeit damit, mir Sorgen darüber zu machen, dass wir auf Grund laufen oder eine Kollision haben könnten.« Und jetzt ernennen sie ihn zum Admiral. Seit 250 Jahren hat kein englischer König seine Truppen in die Schlacht geführt.

»Der Junge sammelt aber nicht nur militärische Titel, sondern auch Immobilien«, sagt die Queen. Neulich hat sich der Thronfolger das kleine, baufällige Gut Llwynywormwood im walisischen Carmarthenshire gekauft. »Eine Million Pfund hat er dafür hingeblättert«, meint sie, »aber es wurde ja auch Zeit. Schließlich ist er der Prinz von Wales. Die Waliser waren zu recht verärgert, dass er in Schottland und England Wohnsitze hat, aber keinen in Wales.«

Sie wundert sich aber, dass er eine Genehmigung für einen Anbau gestellt hat. »Es heißt, er will einen Teil des Gebäudes an Feriengäste vermieten«, sagt sie. »Ja, ist er denn noch bei Trost? Familie Smith zu Gast beim künftigen König? Fehlt nur noch, dass er ihnen morgens persönlich das Frühstück serviert und fragt, ob alles recht war.« Die Gäste sollen sogar im Bett von Charles und Camilla schlafen dürfen, für einen happigen Zuschlag, und nur dann, wenn die Hauseigentümer nicht selbst drinliegen, versteht sich. »Er ist eben eine Krämerseele«, seufzt die Königin. »Von wem er das bloß hat?«

Das Gut liege jedenfalls sehr einsam, das komme Charles entgegen. Im nächstgelegenen Ort Myddfai haben in den letzten Jahren der Pub, das Postamt und die Schule geschlossen, weil es kaum noch Einwohner gibt. Das Dorf besteht praktisch nur aus Ferienhäusern. »Wenigstens hat die Walisische Befreiungsarmee inzwischen damit aufgehört, die Ferienhäuser reicher Engländer niederzubrennen«, sagt die Queen.

Das Gut aus dem 17. Jahrhundert hat offenbar Verbindung zu den berühmten Wissenschaftlern jener Zeit, die in ganz Europa für ihre Heilkräuter bekannt waren. Diese Wissenschaftler bezogen ihr Wissen angeblich von der »Lady of the Lake«, einer schönen Blondine, die unter mysteriösen Umständen ums Leben kam und seitdem in der Gegend herumspukt. Nachdem bekannt geworden war, dass Charles das Gut gekauft hat, heftete jemand die Geschichte der »Lady of the Lake« ans Notizbrett des Dorfes – offenbar eine Anspielung auf eine andere tote Blondine: Prinzessin Diana, die auch immer noch in den Zeitungen herumspukt. Obwohl die polizeiliche Untersuchung im Dezember 2005 zu dem Ergebnis gekommen war, dass Dianas Tod ein Unfall war, entschied ein Londoner Gericht, eine neue Untersuchung mit Geschworenen einzuleiten. Das hatte Mohamed al-Fayed, der Vater von Dodi, der mit Diana beim Unglück ums Leben kam, verlangt. Er ist davon überzeugt, dass die britischen Geheimdienste ihre Finger im Spiel hatten. Die Queen winkt müde ab.

»Dieser Paxman war auch bei Diana zum Lunch«, seufzt sie, »ein Jahr, bevor sie starb. Er behauptete später, sie wollte mal mit einem normalen Menschen reden, als ob der normal sei und wir Monster seien.« Diana verfolgt sie immer noch. Richard Tomlinson, ein ehemaliger Agent der britischen Auslandsspionage MI6, hat ebenfalls behauptet, Diana sei vom Geheimdienst ermordet worden. »Die sollen ihr Auto manipuliert haben, und der Fahrer, Henri Paul, soll ebenfalls dem MI6 angehört haben. Ein Franzose! Im Dienste Ihrer Majestät! So ein Unsinn, schließlich ist er ja selbst bei dem Unfall ums Leben gekommen.«

Nachdem sie tot und begraben war, fiel jeder Makel von Diana ab. Seitdem sehen wir sie in einem anderen, heiligrosa Licht. »Sie hat mit ihren Söhnen während deren Kindheit pausenlos liebevoll geschmust«, schrieb Linda Lee-Potter in der *Daily Mail* nach ihrem Tod. Fünf Tage zuvor hat Frau Lee-Potter in derselben Zeitung geschrieben: »Der Anblick eines windigen Playboys, der eine spärlich bekleidete Diana angrapscht, muss für Prinz William abstoßend und erniedrigend sein. Seit Jahren hat sie Prinz Charles kritisiert, weil er als Vater distanziert und abweisend war. Langfristig war er aber der verantwortungsbewusstere Elternteil und hat mit Sicherheit weniger Schaden, Schmerz und Beklommenheit verursacht.«

Nicht mal beim Sterben kooperierte Diana mit den Zeitungen. Als sie um vier Uhr früh für tot erklärt wurde, waren die Sonntagsblätter bereits ausgeliefert – und enthielten eine ganze Reihe Artikel, deren Autoren sich im Nachhinein die Haare gerauft haben. »Sie gefällt sich wohl in ihrer Rolle als Märtyrerin«, schrieb Petronella Wyatt mit erhobenem Finger im *Express On Sunday*. »Gott stehe ihr bei, falls sie jemals ihr Glück findet – sie würde sich elend fühlen.« In derselben Ausgabe rächte sich Margaret Thatchers früherer Pressesprecher Bernard Ingham für Dianas Tory-Kritik. »Diana und Dodi sind füreinander geschaffen«, sagte er. »Beide haben mehr Heu als Hirn.«

Schlechtes Timing, Bernard. Tote erklärt man posthum für klug und weise, selbst wenn sie zu Lebzeiten Trottel waren. Schließlich können sie nun ja keinen Unfug mehr erzählen. Ingham war aber nicht der Einzige, der wohl am liebsten seine Schreibmaschine im Garten vergraben hätte. »Schade, dass Gucci keine Designer-Gesichtsreißverschlüsse herstellt«, bedauerte Carole Malone im *Sunday Mirror*. »Prinzessin Diana könnte dann jedes Mal, wenn sie ihren Mund aufmachen will, ihn mit dem Reißverschluss gleich wieder zumachen. Ich fürchte, die Prinzessin leidet unter dem Maul-öffnen-bevor-Hirn-eingeschaltet-Syndrom – eine Krankheit, die vor allem die Trivialen und die Hirntoten befällt.« Und der Observer wunderte sich, dass die Presse Dianas Äußerungen stets als aristotelischen Genius behandle, statt sie »als Geplapper einer Frau zu erkennen, die man – wäre ihr Intelligenzquotient fünf Punkte niedriger – täglich gießen müsste.«

Am Tag nach ihrem Tod waren die hässlichen Worte vergessen. Plötzlich waren alle Journalisten eigentlich schon immer Freunde von Diana gewesen. Ganz nebenbei ließ man in die Nachrufe einfließen, dass man auch mal zum Lunch bei Di im Kensington-Palast gewesen sei. James Whitaker vom *Mirror* setzte noch einen drauf: »Unsere Beziehung war rein beruflich«, versicherte er, »aber sie ging doch viel tiefer. Unsere Leben waren unauflöslich miteinander verwoben.« Dann nichts wie ab in den Tunnel nach Paris, James.

Nur Tony Blair machte alles richtig. Der damalige Premierminister litt vor 1.000 Kameras, fand die richtigen Worte und wurde als »Vater der Nation« augenblicklich, aber bloß vorübergehend, zum beliebtesten Politiker aller Zeiten. Er wertete Dianas Tod als »Ereignis, das die Nation vereinigt« habe. Und die Heuchler.

Die Hochzeit mit Diana sei ein großer Fehler gewesen, meint Elisabeth, aber mit Camilla liege er ja offenbar auch im Streit, wenn man den Zeitungsberichten glauben dürfe. »Mir erzählt er ja nichts«, sagt sie. »Der Junge verliert langsam den Verstand. Er hat neulich behauptet, Bono sei der Byron unserer Zeit. Das muss man sich mal vorstellen: Diesen wichtigtuerischen irischen Schlagersänger mit einem der größten englischen Dichter aller Zeiten zu vergleichen!« Dann fügt sie resigniert hinzu: »Eines Tages wird Charles König sein. Aber glücklicherweise bin ich die Einzige, die das mit Sicherheit nicht erleben wird.«

Socken sind die Punk-Rocker des Kleiderschranks

Der Engländer und seine Urlaubsfreuden

©TOM

Obwohl der Engländer sein Land für das beste der Welt hält, verlässt er es dennoch manchmal. Zwar findet er das unbeständige englische Wetter viel interessanter als das langweilige südländische Klima, aber im Sommer hat er gerne etwas Sonne. Weil er die aber nicht gewöhnt ist, erkennt man ihn schon von weitem an der Hummerhautfarbe. »Nur verrückte Hunde und Engländer begeben sich hinaus in die Mittagssonne«, heißt ein bereits erwähntes Sprichwort, das sich jeden Sommer bestätigt.

Neben der unnatürlichen Hautfarbe gibt es ein weiteres Kennzeichen für den Engländer: seine Bekleidung. Die Socken sind im Allgemeinen das Letzte, das er ablegt. Im Frühjahr, wenn es selbst in England etwas wärmer wird, macht er bisweilen den Oberkörper frei und schlüpft schon mal in kurze Hosen. Aber die Socken bleiben an den Füßen, auch wenn es noch so warm ist. Sogar im Bett, so hat man mir versichert, zeigt der Engländer untenrum keine Blöße. Und wenn doch, dann sind die Socken das erste Bekleidungsstück, das er am Morgen wieder anzieht.

Was für das Fußvolk gilt, trifft erst recht auf den Adel zu. Wenn ein Lord von exzentrischen Anwandlungen übermannt wird, was im Londoner Oberhaus alle Nase lang vorkommt, zieht er zum schwarzen Anzug rote Socken an. Der Oberschicht wird die Bedeutung der Socke schon von frühester Jugend eingebläut.

Auf der Eliteschule Eton benutzen sie Socken als Brandzeichen. Es gibt dort mehr als hundert verschiedene Sockenfarben, die den Träger nicht nur als Betreiber einer bestimmten Sportart identifizieren, sondern auch verraten, wie weit er es darin gebracht hat.

»Socken sind die Punk-Rocker des Kleiderschranks«, findet hingegen die englische Fußbekleidungsspezialistin Annalisa Barbieri. »Sie sind anarchistisch und schwer einzuschätzen, sie leben nach eigenen Gesetzen: Sie können einen Berg Wäsche, der weit größer ist als sie selbst, mühelos verfärben. Socken lassen einfach nicht mit sich reden.«

Und sie sind schlau, könnte man hinzufügen: Sie trennen sich bei der ersten Wäsche und lassen sich fortan nie mehr gemeinsam blicken. Die britische Ausgabe der Modezeitschrift Vogue spekulierte kurz vor dem Ausbruch des Zweiten Weltkrieges darüber, was Männer wohl im 21. Jahrhundert tragen werden. »Wegwerfsocken«, glaubte die Autorin des Beitrags damals. »Oh nein«, widerspricht Barbieri. »Eines Tages übernimmt er vielleicht den Euro und freundet sich sogar mit den Deutschen an, aber seine Socken wird der Engländer niemals wegwerfen.«

Freundschaft mit den Deutschen? In Deutschland kommt der Engländer selten vor, außer bei Fußballweltmeisterschaften. Zu anderen Zeiten verbringt er seinen Urlaub lieber anderswo, und das ist gut so. Wenn die Sommerferien vorbei und die Engländer wieder zu

Hause sind, atmet die Welt auf. Vor allem die Tschechen. Prag ist zu einem der Sammelpunkte für schlecht erzogene Engländer geworden. Zehntausende von ihnen fallen jeden Sommer über die Stadt her, viele feiern ihren Junggesellenabschied mit solchen Mengen Alkohol, dass sie sich später nicht mehr daran erinnern. Die Prager erinnern sich dafür umso genauer.

Peter Wickenden, dem britischen Botschafter in Tschechien, bleiben viele seiner Landsleute ebenfalls unvergessen. Neulich klingelte mal wieder das Not-Telefon mitten in der Nacht. Es war ein Ehemann in spe, der nicht nur seine Bezugsgruppe, sondern auch seine Brieftasche verloren hatte und nicht mehr wusste, in welchem Hotel er abgestiegen war. Einmal, so erzählte Wickenden dem *Guardian*, stand einer vor der Botschaft und war nur in ein Laken gehüllt, weil ihm mitten in Prag seine gesamte Kleidung abhanden gekommen war. Wie das passiert war, konnte er sich nicht erklären.

Das britische Außenministerium hat einen Bericht über peinliche Engländer im Ausland veröffentlicht. Demnach landeten 51 von ihnen in einem Prager Krankenhaus, und 445 verloren innerhalb eines Jahres ihren Pass. In Griechenland waren es im selben Zeitraum nur 391, obwohl viermal so viele Engländer und Engländerinnen das Land belästigen. Letztere laufen dort jedoch mehr als anderswo Gefahr, vergewaltigt zu werden. 48 Fälle wurden innerhalb eines Jahres registriert. In den USA gab es trotz der doppelten Zahl von England-Touristinnen nur vier Vergewaltigungen, aber 1.368 Verhaftungen von englischen Rabauken. Das schlimmste englische Los haben die Australier gezogen. Obwohl sie nur von 650.000 Engländern heimgesucht wurden, haben 2.023 von ihnen in der ehemaligen britischen Strafkolonie den Pass verloren, und 59 sogar ihr Leben.

Wenigstens brauchten die für ihre letzte Reise keinen Pass mehr – und die führt geradewegs in die Hölle. 95 Prozent der Engländer werden dort landen. Das prophezeit ihnen jedenfalls der Theologe Richard Turnbull. Er ist Direktor von Wycliffe Hall, einem anglikanischen Ausbildungslager in Oxford, das 1877 gegründet wurde und ursprünglich recht liberal war. Seit Turnbull am Ruder ist, hat sich das geändert, denn er hängt dem evangelikalen Zweig der Church of England an – und der Himmel sei nun mal für seinesgleichen reserviert, meint er.

Die Evangelikalen sollen zwar vorerst Teil der Church of England bleiben, aber sie mögen ihm doch bitte zehn Prozent ihrer Kirchenspenden geben, damit er seine Strategie, die protestantischen Bildungseinrichtungen unter evangelikale Kontrolle zu bringen, nachhaltig verfolgen könne. »Wir sind fest entschlossen, das Christusevangelium denjenigen nahezubringen, die es nicht kennen«, sagte er, »und das sind 95 Prozent in diesem Land.« Die gehen unweigerlich zum Teufel, darunter sogar manche seiner eigenen Leute, sollten sie liberal infiziert sein. Für gottesfürchtige Prager ist das eine gute Nachricht. Ihr Wunsch, dass die englischen Touristen zur Hölle fahren mögen, geht in Erfüllung, falls Turnbull recht hat. Wenigstens im Himmel haben sie dann Ruhe.

Mallorca dagegen hat höchstens im Winter Ruhe. Im Sommer ist der Badeort Santa Ponza im Südwesten der Insel fest in englischer Hand. Den ersten Urlaubstag auf Mallorca hatte mein Bekannter Paul damit verbracht, sich zu übergeben, weil er den im Vergleich zu England niedrigen Alkoholpreisen nicht widerstehen konnte. Seine Frau Eva und die beiden kleinen Töchter gönnten ihm das zweifelhafte Vergnügen. Bis auf den billigen Alkohol ist es wie zu Hause: Die Kneipen heißen »The Shakespeare« oder »The Crown«, der Spar-Supermarkt führt dasselbe Angebot wie daheim, und der spanische Vergnügungsmanager, wie sich der Animateur nennt, spricht Englisch.

Zwei Wochen in der Sonne kosten in Santa Ponza 1.000 Pfund für eine Familie, und das ist für Engländer die preiswerteste Urlaubsmöglichkeit mit Sonnengarantie. Eva und Paul freundeten sich mit sechs lauten Damen an, die ihre Reise mit Hilfe der staatlichen Schadenersatzzahlung nach einem tragischen Knöchelbruch in einem Schlagloch finanziert hatten. Als Erstes kauften sie sich in Santa Ponza von ihrer Beute sechs Sombreros.

Alkohol spielt eine zentrale Rolle, wenn es um die Bewertung der Ferienreise geht: Je billiger der abendliche Rausch, desto schöner der Urlaub.

Der Megakater am nächsten Morgen ist das bleibende Erlebnis, von dem man den Freunden nach der Rückkehr erzählt. Die Kneipen locken die Touristen mit Sonderangeboten und Freigetränken für Kinder, zur »Happy Hour« gibt es doppelte Getränke zum halben Preis.

Der Animateur tut ein Übriges, damit keine Kehle trocken bleibt. Ein beliebtes Spiel ist der Sangria-Wettlauf, bei dem die Teilnehmer, mit Plastiklätzchen geschützt, sich durch einen Trichter das vermeintliche spanische Nationalgetränk in den Mund träufeln lassen, die Flüssigkeit über eine Rutschbahn transportieren und in einen Eimer spucken müssen. Derjenige siegt, dessen Behälter nach fünf Minuten am vollsten ist. Am vollsten sind freilich die Teilnehmer, denn die meisten verschlucken die Gewinn bringenden Tropfen unterwegs.

Bei einem anderen Spiel küssen sich Männer und Frauen eine Minute auf verschiedene Körperteile, aber nur der Schiedsrichter weiß, welcher Körperteil einen Punkt bringt. »Bei uns war es die Nase«, sagt Paul. »Schlüpfrige Spiele oder Strippereien gab es nicht, denn meistens waren die Kinder dabei.« Für die gibt es tagsüber ein eigenes Programm. Im »Kiddies Club« werden sie mit Hüten und T-Shirts ausgestattet, die Betreuerinnen gehen mit ihnen Eis essen oder zum Minigolf, abends organisieren sie eine Kinder-Disko.

»Eine Woche nach uns kamen dreißig Mitglieder eines Londoner Fußballvereins an«, erzählt Eva. »Einer feierte seinen 21. Geburtstag. Dabei fiel er über die Kaimauer und brach sich den Wangenknochen. Die Ärzte mussten mit der Operation 48 Stunden warten, bis der Alkohol abgebaut war.« Ein großartiges Erlebnis, von dem man zu Hause stolz berichten kann.

Eva wurde am letzten Tag zur »Miss Carolina« – nach dem Wohnblock mit hundert Apartments – gewählt. Es war kein herkömmlicher Schönheitswettbewerb, sondern eine Art Dreikampf: Sie musste so viele Männer wie möglich in 30 Sekunden küssen, dem Publikum die Hemden abschwatzen und ein Fotomodell auf dem Laufsteg nachahmen. Zur Belohnung erhielt sie einen mit Sangria gefüllten Pokal, der den gnädigen Mantel des Vergessens über den restlichen Abend breitete.

Die sechs Frauen aus London hatten sich vor dem Rückflug ihre im Kampftrinken errungenen Medaillen ans Revers geheftet. »Sie werden uns in London für das olympische Team halten«, hoffte eine der Sombreroträgerinnen. Die erste Frage, die ihnen der Zöllner auf dem Londoner Flughafen stellte, lautete: »Na, wie war's in Santa Ponza?«

Alkohol und schlechtes Benehmen haben heutzutage die gleiche Wirkung wie früher der Schnurrbart: Sie sollen den kolonisierten Völkern – und dazu gehören die Prager und die Mallorquiner im Sommer – Angst einjagen und Potenz demonstrieren.

Piers Brendon schreibt in seinem Buch »The Decline And Fall Of The British Empire«, dass der Rückgang des Schnurrbarts den Untergang des britischen Weltreiches exakt widerspiegele – vom mächtigen Gesichtsbusch Lord Kitcheners, Oberbefehlshaber im Burenkrieg und Kriegsminister im Ersten Weltkrieg, bis hin zu Anthony Edens traurigen Stoppeln während der Suezkrise 1956.

Ebenso wie den britischen Soldaten vor ihrem Afghanistan-Einsatz nahegelegt wird, sich einen Bart wachsen zu lassen, so schafften sich auch die Truppen der East India Company in der ersten Hälfte des 19. Jahrhunderts Bärte an, um beim Kolonialvolk Eindruck zu machen. Ab 1854 war der Bart sogar Pflicht für die Soldaten des Bombay-Regiments. Die Mode breitete sich schnell in der Heimat aus, Barbiere zelebrierten ihre Kunst, die Bärte mit Hilfe von Wachs wie Säbel oder Bayonette zu formen. Spätestens nach dem Kampf um den Suezkanal gehörten Weltreich und Riesenschnurrbart jedoch der Vergangenheit an.

Doch zurück zu den englischen Urlaubsfreuden: Die höheren Einkommensschichten zieht es im Sommer nach Frankreich, weil das als chic gilt. Das gute Essen, der feine Wein und das verlässliche Klima locken jedes Jahr rund neun Millionen Engländer an. Das bedeutet freilich nicht, dass die Franzosen in der englischen Gunst höher angesiedelt sind als andere Nationen – im Gegenteil. Der Engländer ist davon überzeugt, dass die Franzosen kein Recht haben, in Frankreich zu wohnen. Für kein anderes Volk hält die englische Sprache auch nur annähernd so viele abwertende Begriffe bereit. Die Deutschen kommen mit den »German measles« genannten Masern vergleichsweise glimpflich davon.

Obszöne Zeichnungen sind »French postcards«, Prostituierte heißen »French Consular Guards«, und wer ihre Dienst in Anspruch nimmt, erhält »French lessons«. Wenn er Pech hat, fängt er sich dabei Syphilis ein, die »French disease«. Um sich davor zu schützen, trägt er einen »French letter« beim Geschlechtsverkehr, über den der Engländer freilich nicht spricht.

Die Franzosen müssen aber nicht nur beim Sex herhalten, sondern in allen schiefen Lebenslagen: Wer einen Fasan außerhalb der Jagdsaison erlegt, hat eine »französische Taube« erschossen, wer sich unerlaubt von der Truppe entfernt, nimmt »French leave«, und wer lauthals flucht, entschuldigt sich mit den Worten: »Pardon my French.« Der englische Gelehrte Samuel Johnson behauptete einmal, das französische Nationalsymbol, der gallische Hahn, sei einem Wetterhahn nachempfunden, weil der sich stets nach dem Wind ausrichte.

Nun ist Frankreich aufgrund des Kanaltunnels näher gerückt, worüber auf englischer Seite wenig Freude herrscht. Als der französische Präsident François Mitterrand und die britische Premierministerin Margaret Thatcher am 12. Februar 1986 in Canterbury den Vertrag über den Kanaltunnel unterzeichneten, bewarfen englische Tunnelgegner den Rolls-Royce des Präsidenten mit Eiern, und die Menge schrie: »Froggy, Froggy, Froggy, out, out, out!« Frösche – das ist das Schimpfwort für Franzosen. Die Bewohner der Hafenstadt Dover halten den Tunnel heute noch für die größte Gefahr, seit Hitler 1940 in Calais durch sein Fernglas spähte und die Burg von Dover aus dem 12. Jahrhundert als seine Privatresidenz nach der Invasion Englands auswählte.

Gar nicht weit von der Eurotunneleinfahrt führt an

den Shakespeare-Klippen in Dover ein weiterer Tunnel unter den Ärmelkanal, endet jedoch abrupt nach anderthalb Kilometern. Es war Baumeister William Low, der das ambitionierte Projekt 1867 begonnen hatte. Manchen war der Ärmelkanal dagegen schon damals zu schmal. So antwortete Lord Palmerston 1867, als ihn der französische Bauingenieur Thomé de Gamond um eine finanzielle Beteiligung am Tunnelprojekt bat: »Was! Sie wollen, dass ich mich an einem Unternehmen beteilige, das eine Entfernung noch weiter verkürzen soll, die für uns ohnehin schon zu kurz ist?« Fünfzehn Jahre später warnte die *Sunday Times*, dass nach dem Bau eines Kanaltunnels »Nihilisten und Internationalisten« ins Vereinigte Königreich einfallen würden. Im selben Jahr blies Königin Viktoria das Unternehmen ab. Die englischen Armeeoffiziere hatten befürchtet, die französischen Soldaten könnten durch den Tunnel nach England einmarschieren.

Der Schriftsteller George Orwell stellte fest, wie wenig der normale englische Soldat über fremde Kulturen wusste, sondern stattdessen seine Vorurteile pflegte. Das lag auch an Soldatenzeitschriften wie *The Gem* und *The Magnet*, in denen ein Frank Richards klischeehafte Geschichten schrieb, in denen Ausländer stets als komische und merkwürdige Gesellen vorkamen. Orwell hasste das und schrieb einen kritischen Artikel darüber. Richards, der in Wirklichkeit Charles Harold St. John Hamilton hieß, antwortete: »Was die komischen Ausländer betrifft, so muss ich Herrn Orwell leider mitteilen, dass Ausländer tatsächlich komisch sind. Ihnen fehlt der Sinn für Humor, mit dem unsere auserwählte Nation gesegnet ist. Und Menschen ohne Sinn für Humor sind immer unbewusst komisch.«

Doch selbst die direkten Nachbarn auf den britischen Inseln finden in englischen Augen keine Gnade. 1997 schrieb der Fernsehkritiker der *Sunday Times*: »Wales erfreut sich einer großen Bandbreite von Vorurteilen. Wir alle wissen doch, dass die Waliser geschwätzige Heuchler, unmoralische Lügner, unterentwickelte, eifernde, finstere, hässliche, streitsüchtige kleine Trolle sind.« Sie seien eben nur das Kleingeld des Vereinigten Königreiches.

Die Schotten gelten als geizig, schwermütig, rauflustig und trunksüchtig. »Schottland ist sicherlich die Senkgrube der Welt«, sagte ein englischer Adliger, und Samuel Johnson meinte etwas milder: »Wenn ich Schottland sehe, sehe ich lediglich ein schlechteres England.« Die Iren brauchten sogar Jahrhunderte, um von den Engländern überhaupt als Menschen anerkannt zu werden. In englischen Zeitschriften wurden sie bis weit ins 20. Jahrhundert als Affen dargestellt, das Magazin Punch behauptete, das fehlende Bindeglied in der menschlichen Evolution gefunden zu haben: den irischen Rohling. Noch heute benimmt sich so mancher englische Tourist in Irland entsprechend diesen Vorurteilen.

Umgekehrt ist es immer wieder ein Erlebnis, ein Fußball-Länderspiel mit englischer Beteiligung in einem walisischen, schottischen oder irischen Pub am Fernseher zu erleben. Es spielt keine Rolle, gegen wen

England spielt – die Wirtshausbesucher feuern garantiert den Gegner an. Ein Bekannter sagte bei einer solchen Gelegenheit einmal: »Ich bin neutral bei Spielen des englischen Teams: Es ist mir vollkommen egal, wer die Engländer schlägt.«

Die einzigen Ausländer, die der Engländer mag, sind US-Amerikaner. »Die Engländer halten Amerikaner für Engländer, die durch ein unglückliches Missverständnis zu etwas anderem geworden sind«, schreiben Antony Miall und David Milsted in ihrem Buch »The Xenophobe's Guide To The English«. »Sie wären viel zufriedener, wenn sie zu Verstand kämen und sich zurückverwandelten. Dann würden sie auch wieder anständiges Englisch sprechen.«

Der britischen Elektrokonzern Hoover wollte die Reiselust und die US-Freundlichkeit der Engländer ausnutzen. Er ersann eine Werbekampagne, der zunächst Erfolg auf der ganzen Linie beschieden war: Die Fließbänder in den Fabriken liefen rund um die Uhr und spuckten einen Staubsauger nach dem anderen aus. Dennoch konnte das Unternehmen kaum mit den Bestellungen des Einzelhandels mithalten. War plötzlich eine ganze Nation dem Reinlichkeitswahn verfallen? Nichts dergleichen: Hoover hatte jedem Kunden, der ein Produkt der Firma für mindestens hundert Pfund erwarb, zwei Gratisflüge in die USA versprochen. Da die Staubsauger mit 119 Pfund am günstigsten waren, setzte umgehend ein Saugerrausch ein, der in den fernen USA beträchtliche Unruhe auslöste – und zwar in den Chefetagen der »Maytag Corporation«. Der gehört nämlich die Firma Hoover.

Werbeexperten hatten sich schon damals gefragt, wie Hoover zu jedem Staubsauger für 119 Pfund zwei Flugtickets im Wert von über 500 Pfund dazugeben konnte. Sie kamen dem Trick jedoch nicht auf die Spur. Inzwischen ist das Rätsel gelöst: Es gab gar keinen Trick. Je schneller die Fließbänder in den Hoover-Werken liefen, desto rasanter rauschte die Firma in die roten Zahlen. Die geniale Werbestrategie hat das Unternehmen mindestens 20 Millionen Pfund gekostet, doch die Geschäftsleitung breitet den Mantel des Schweigens über die genauen Zahlen. Andere Unternehmen nutzten Hoovers Dusseligkeit gnadenlos aus. Ein Perserteppichhändler schenkte jedem Käufer einen Staubsauger – und damit zwei Freiflüge in die USA. Ein Autohaus gab jedem Kunden einen Gutschein für einen Autoteppich – plus Staubsauger und zwei USA-Flüge.

Die Verbraucherzentrale schätzt, dass 100.000 Geräte über den Ladentisch gegangen sind – das wären 200.000 Freiflüge. Den Maytag-Chefs platzte der Staubsaugerbeutel: Sie feuerten den Präsidenten von Hoover-Europa, William Foust, sowie die beiden Direktoren Brian Webb und Michael Gilbey, auf deren Mist die Gratistickets für den Hoover-Sturzflug gewachsen waren. Die drei Rechenkünstler hatten offenbar auf die abschreckende Wirkung des Kleingedruckten gesetzt. So mussten die frischen Saugerbesitzer Quittung und Flugreiseantrag innerhalb von zwei Wochen nach Erwerb des Gerätes einreichen. Hoover behielt es sich freilich vor, die sechs Wunschtermine samt Lieblingsreisezielen abzulehnen und statt dessen drei Gegenvorschläge zu machen.

»Man konnte sicher sein, dass Hoovers Vorschläge nicht das Geringste mit dem eigenen Antrag gemein hatten«, sagte eine Kundin aus Bradford. »Wer also im Sommer nach Orlando wollte, war gut beraten, New York im Winter zu beantragen. Dann hatte man eine kleine Chance.« Diese winzige Chance vereitelten die Hoover-Bosse jedoch auch noch: Sie verweigerten in vielen Fällen schlicht die Flugtickets. Und als die erboste Kundschaft ihre durch Saugerkauf erworbenen Flugrechte per Einschreiben einforderte, reagierte Hoover überhaupt nicht mehr.

Der 42-jährige David Dixon aus Workington in der Grafschaft Cumbria griff daraufhin zur Selbsthilfe. Er hatte keinen Billigsauger, sondern eine 500 Pfund teure Waschmaschine erstanden – in der Hoffnung auf einen Familienurlaub in Disneyworld. Doch von den Flugtickets keine Spur – und nicht nur das: Die Waschmaschine gab auch noch ihren Geist auf. Bei jedem Schleudergang tanzte das gute Stück durch die Küche. Als ihm ein Hoover-Mitarbeiter empfahl, sich auf die Waschmaschine zu setzen, sie nach Westen auszurichten und den Schleudergang einzuschalten, damit sie ihn nach Amerika trage, platzte Dixon, einem Pferdekutschen-Konstrukteur, der Kragen. Er lockte den Hoover-Mechaniker zur Waschmaschinenreparatur ins Haus und blockierte dessen Lieferwagen mit einem LKW. Den entgeisterten Mechaniker schickte er mit einer Lösegeldforderung zurück zur Firma: Flugtickets gegen Lieferwagen.

Für Dixon hat sich die Autoentführung allemal gelohnt. Verschiedene Fernsehsender, darunter die American Broadcasting Corporation, verfilmten seine Geschichte gegen Bezahlung. Eine Boulevardzeitung lud Dixon samt Familie zum Urlaub mit allen Schikanen in die USA ein.

Hoover musste schließlich ins Charterfluggeschäft einsteigen. Damit die Saugerkäufer doch noch in den Genuss der USA-Flüge kamen, kaufte der Konzern bei elf Fluggesellschaften Sitzplätze auf insgesamt 2.200 Flügen und charterte darüber hinaus ganze Maschinen. Richard Rankin, der von der Hoover-Muttergesellschaft Maytag als »Reiseleiter« eingesetzt wurde, um den Schaden zu begrenzen, verweigerte jedoch genaue Angaben, um die Firma nicht weiterem Gespött auszusetzen.

Der Staubsaugermarkt ist jedenfalls auf Jahre hinaus ruiniert. In den Kleinanzeigenspalten sämtlicher Zeitungen und Magazine wimmelt es von Annoncen für »originalverpackte Hoover-Staubsauger« zu Schleuderpreisen. Welcher Engländer jetzt noch Krümel auf dem Teppich hat, ist selbst schuld.

Zum Schluss ein Loblied auf die Engländer, verfasst vom irischen Schriftsteller Brendan Behan. Es wird in Irland gerne gesungen, wenn Engländer in der Nähe sind. Die freuen sich stets darüber, weil sie trotz ihres selbstattestierten Humors die beißende Ironie nicht verstehen.

The Captains and the Kings

I remember in September,
  when the final stumps were drawn,
And the shouts of crowds now silent
  when the boys to tea had gone.
Let us, oh Lord above us,
  remember simple things,
When all are dead who love us,
  Oh the Captains and the Kings,
When all are dead who love us,
  Oh the Captains and the Kings.

We have many goods for export,
  Christian ethics and old port
But our greatest boast is
  that Anglo-Saxon is a sport
When the darts game is finished,
  and the boys their game of rings
And the draughts and chess relinquished
  of the Captains and the Kings
And the draughts and chess relinquished
  of the Captains and the Kings

Far away in dear old Cyprus,
  or in Kenya's dusty land,
We all bear the white man's burden
  in many a strange land.
As we look across our shoulder,
  in West Belfast the school bell rings,
And we sigh for dear old England,
  and the Captains and the Kings.
And we sigh for dear old England,
  and the Captains and the Kings.

Unsre Stürmer, unsere Spurts

Ach, ich weiß noch, im September,
   wenn wir duschten, heimwärts zogen
von den Wiesen, von den Plätzen
   nach dem letzten Hipp-Hurrah.
Wenn die tot sind, die uns lieben,
   lass, o Herr, so hoch da oben
dieser Dinge uns erinnern,
   die so einfach und so schön
wenn die tot sind, die uns lieben,
   unsrer Spurts und unsrer Stürmer,
wenn die tot sind, die uns lieben,
   unsre Stürmer, unsre Spurts.

Vieles tun wir exportieren,
   die Moral und alten Port,
doch die höchste der Bilanzen
   hat der Angelsachsen-Sport.
Dart und Cricket, Golf und Polo,
   Federball und Stirling Moss
Federball und Stirling Moss,
   unsre Spurts und unsre Stürmer,
Federball und Stirling Moss,
   unsre Stürmer, unsre Spurts.

Ach wie schwer auf unsren Schultern
   ruht die Last des weißen Mannes
fern in Zypern, in Hong-Kong
   und im Lande der Mau-Mau.
Doch es stärkt uns die Erinnerung,
   der Geruch von Schulkakao,
und wir sehnen uns nach England,
   nach den Stürmern, nach den Spurts
und wir sehnen uns nach England,
   nach den Stürmern, nach den Spurts

In our dreams we see old Harrow,
  and we hear the crow's load caw
At the flower show our big marrow
  takes the prize from Evelyn Waugh
Cups of tea and some dry Sherry,
  vintage cars, these simple things
So let's drink up and be merry,
  for the Captains and the Kings
So let's drink up and be merry,
  for the Captains and the Kings

As I wandered in a nightmare
  all around Great Windsor Park,
Now what did you think I found
  there as I wandered in the dark?
It was an apple half-bitten,
  and sweetest of all things,
Five baby teeth had written
  of the Captains and the Kings.
Five baby teeth had written
  of the Captains and the Kings.

By the moon that shines above us
  in the misty morning night
Let us cease to run ourselves down
  and praise God that we are white
And better still are English,
  tea and toast and muffin rings
And old ladies with stern faces
  and the Captains and the Kings
And old ladies with stern faces
  and the Captains and the Kings

Denn im Traum sind wir in Eton,
  sagen Freunden dort Hallo
und den Preis fürs Blumengießen
  überreicht uns Eveyln Waugh.
Tee mit Milch und trocknen Sherry,
  Gartenschlauch, wie schön bist du.
Hoch die Gläser, frohes England,
  auf die Stürmer, auf die Spurts.
Hoch die Gläser, frohes England,
  auf die Stürmer, auf die Spurts.

Ich ging im Traum so für mich hin
  rund um den Windsor Park,
Was hab ich dort gefunden?
  Herz, hör es und bleib stark,
'nen angebissenen Apfel,
  in dem geschrieben stand
von sieben Kinderzähnen:
  Unsre Stürmer, unsre Spurts,
von sieben Kinderzähnen,
  oh unsre Stürmer, unsre Spurts.

Guter Mond – so hoch da oben
  über unsren Nebelnächten,
Schluss mit unsrer Selbstpreisgabe,
  danket Gott, dass wir sind weiß,
besser noch: sind weiß und britisch.
  Tee und Toast und Mürbekeks,
alte Ladies, zäh und hager,
  unsre Stürmer, unsre Spurts,
alte Ladies, zäh und hager,
  unsre Stürmer, unsre Spurts.

*(Diese freie Übersetzung
stammt von Peter Zadek und Karl Wesseler).*

Angst essen Linsensuppe auf

Wahrheit hoch zwei: Mit Ralf Sotscheck
unterwegs auf Lesereise durch Deutschland

Ein Gasttagebuch von Wiglaf Droste

©TOM

Vorbemerkung, vom Februar 2008

Ralf Sotscheck hat keine roten Haare, und dennoch ist er Ire. Genau genommen hat Ralf Sotscheck so gut wie gar keine Haare, aber das Resthaar, das seinen runden, freundlichen Kopf bekränzt, war und ist jedenfalls nicht rot. Zwar ist Ralle kein gebürtiger Ire; zur Welt kam er in Berlin, weshalb er Hertha BSE immer noch sentimental für einen Fußballverein hält, und von den fernen irischen Gestaden aus mag das für einen Brillenträger ja auch so aussehen. Ralf ist irischer Staatsbürger und seit 30 Jahren mit einer Irin verheiratet; seine Tochter und sein Sohn sind Iren, er lebt in Dublin oder Fanore an der Westküste, er ist gastfreundlich, gesellig und großherzig, viele seiner zahlreichen Freunde sind Iren. Viel mehr Ire ist für einen Berliner nicht drin.

Wie alle Iren schätzt Ralf Sotscheck die Engländer nicht sonderlich. Man kann das verstehen; die Engländer haben sich den Iren gegenüber viel zu lange viel zu schäbig aufgeführt. Sie ließen irische Männer für Hungerlöhne in England arbeiten, sie massakrierten die Iren, sie ließen sie veritabel verhungern, und in Nordirland sind sie noch immer Besatzungsmacht. Weil Ralf in Nordirland-Komitees tätig war und sein

Schwiegervater in der IRA eine nicht unbedeutende Rolle gespielt hatte, schikanierten die britischen Behörden Ralf Sotscheck bei jeder Einreise, solange es nicht möglich war, direkt von Deutschland nach Irland zu gelangen und man via London fliegen musste. Die Drangsal ihrer Zöllner und Polizisten lehrte Ralf, den Briten nicht gewogen zu sein.

Diese Abneigung, und sei sie noch so wohl begründet, trübt den Blick. Die Ablehnung eines spezifischen Volkes führt dazu, andere Völker unverhältnismäßig milde zu betrachten und zu beurteilen. Ralf, obwohl in Deutschland aufgewachsen, sah für meinen Geschmack etwas sehr undifferenziert freundlich auf die Deutschen, die er nur noch aus der Perspektive des Besuchers wahrnahm. Dieser Blick sollte sich schärfen: Im März 2006 gingen wir neun Tage auf Lesereise durch Deutschland, und weil ich damals freitags auf der Wahrheitseite der *taz* kolumnierte (was Ralf bis heute jeden Montag immer noch tut), hießen unsere Veranstaltungen »Wahrheit hoch zwei«; der Zeichner TOM setzte das mit großer komischer Kunst ins Bild. Und nun genug erklärt; hier kommt sie, die Chronik unserer Abenteuer.

Samstag, 11. März 2006: Strecke Berlin-Hamburg, ICE, Speisewagen, Verzehr: 1 Kaffee, 1 Wasser, 2 Obstsalate, 14,60 Euro. Mitreisender des Tages: ein Besucher der Internationalen Tourismus Börse ITB, Zopfträger, Mütze und Jacke mit circa 300 Ansteckern von Fluglinien und Reiseveranstaltern gespickt, setzt sich zu uns an den Tisch, spricht mit sich selbst, arbeitet sehr ernst etwa 120 Prospekte durch, stöhnt heftig und rülpst stark. Umbenennung des Speisewagens in »LandesKrankenHaus unterwegs«, Jingle: »Wir geben Ihrer Zukunft ein Zuhause – LKH«. Erkenntnis des Tages: »Was die Leidensfähigkeit stärkt, adelt den Menschen« (Droste); Kalauer des Tages: »Die Bahn ist mir ein Mehdorn im Auge« (Sotscheck, drei Euro Strafgebühr); *taz*-Satz des Tages: »Der Trend zur Klassengesellschaft wird sich verstärken« (Ulrike Herrmann, Seite 1). Wir werden nachdenklich: Ist unsere bislang so klassenlose Gesellschaft wirklich gefährdet?

Sonntag, 12. März: Hamburg, Schauspielhaus, Theaterkantine, Ulla Rowohlt spricht. »Wichlaf, du hast unheimlich lange Wimpern. Ich hatte auch mal lange Wimpern, aber ich habe sie mir versengt. Beim Bananenflambieren. Das hab ich in Paris gelernt.« Gericht des Tages: Flambierte Bananen mit Wimpernasche.

Montag, 13. März: IC Hamburg-Osnabrück. Tageslosung: »Der Käse gewinnt immer« (Sotscheck). Im Bahnhof ein Junge mit einer Schachtel Pommes Frites; Schlüsselreiz. Also Currywurst mit Pommes weiß (Droste) und Currywurst mit Schaschlik (Sotscheck), dank artistischer Esskünste ohne Folgen für die Garderobe. Anschließend Irritation: Nicht ein Hauch von Übelkeit. Was soll das? Warum hat man das dann aufgegessen? Ist denn alles vergeblich? Erkenntnis des Tages: »Sometimes all of our thoughts are misgiven.« (Led Zeppelin, »Stairway to heaven«).

An der Hotelzimmertür in einer Plastiktüte Deutschlands aufdringlichste Verschenkzeitung, *Die Welt*. Eckhard Fuhr nimmt im Feuilleton seinen »Abschied vom Stecher«. Der alte Traum, die Zeitschrift *Frau und Hund*, ist endlich in die Wirklichkeit erlöst: »Es ist für den Außenstehenden schwer zu ermessen, welche Bedeutung der Abschied vom Stecher für die Schießkultur hat. Den Stecher gab es in zweierlei Form: als deutschen Doppelzüngelstecher und als französischen Rückstecher.«

IC Osnabrück – Dortmund 30 Minuten verspätet. Eine halbe Stunde Oskardrück: eine Einübung, eine Prüfung, ein Mächtigkeitsspringen. In Dortmund dann abermals Zwangsaufenthalt. Teilnahme an einem Automobilgewinnspiel: »Ein Cabrio für TOM!« ICE nach Stuttgart, Speisewagen, ein Napf Linseneintopf von der Ruhri-Kellnerin: »Jetzt gibt's lecker!« Angst essen Linsensuppe auf.

Dienstag, 14. März: Unser Gastgeber Vincent Klink lädt uns auf die Wielandshöhe ein. Kann man früh morgens um halb eins schon essen? Und wie. Wir betten unsere Köpfe auf zwei Blätterteigkissen mit Pilz-Tomaten-Füllung, der Sommelier steckt uns Trichter in den Mund und gießt alle paar Minuten einen Schluck Champagner hinein. Die Küche entsendet einen weiteren Gruß, Kartoffelpüree mit Speck und gerösteten Zwiebeln. Wir erleben späte Butterfreuden, und das als Männer.

Der Sommelier wechselt die Trichter und gibt uns einen Chardonnay aus dem Burgund zu schmecken.

Ein Saiblingfilet auf Schnittlauchvinaigrette mit Linsen und Rotkohl wird herbeigetragen, wir liegen zu Tisch und dem Patron und seiner Mannschaft zu Füßen. Eine Radieschensuppe mit Jakobsmuscheltranchen wärmt Magen und Herz, der Himmel rückt nah. Erneut Trichterwechsel, nun wird ein Barbera D'Alba in die Schlünde geschüttet. Zu dieser Woge des Entzückens gesellt sich ein Kalbsfilet auf Morchelsoße mit Eiszapfengemüse und Tagliatelle, durch die Adern strömt bärenhaftes Wonnegefühl.

Die Patisserie schickt ihren ersten Parlamentär: Limonenschaum mit Ingwer-Honig-Soße. Wir ergeben uns freiwillig. Die Kapitulation wird mit Mohnschupfnudeln, Rotweinbirne (nicht unserer!) und Vanilleeis versüßt. Wir danken inständig und rollen bergab. Ein Hemdknopf springt Sotscheck vom prallen Wanste; abends im Theater muss er mit nacktem Gewaltoberkörper in der Garderobe sitzen, während eine freundliche Schneiderin den Knopf mit einem Faden aus Natodraht annäht.

Mittwoch, 15. März: Hauptbahnhof Stuttgart. Sotscheck frühstückt ein mit Bockwurscht gefülltes Croissant. Die Folgen sind verheerend, der BSE-Experte deklamiert: »Ich bin es, Wurst-Ralle! Der Mann, den sie Wurst nannten! Der mit der Wurst tanzt! Finnegans Wurst!« Über den Rest wird der Schinkenmantel des Schweigens gebreitet. Schließlich sind wir einander verbunden durch ein Erpressungspatt. Naivlinge nennen das Freundschaft.

Ankunft in Speyer. Unsere Gastgeberinnen Ulla-

Britt Egeland und Caren Drees vom Spei'rer Buchladen haben eine Überraschung parat: eine Einladung bei Oberbürgermeister Schineller. Welcher Partei er angehöre, wollen wir wissen. Der CDU - kein Problem also. Konservative und Kommunisten mögen im Einzelfall Verbrecher sein, Sozialdemokraten und Grüne aber sind immer ohne Charakter und müssen unbedingt gemieden werden.

Roswitha und Werner Schineller empfangen uns in ihrem Haus. Zum Kaffee gibt es Selbstgebackenes, eine Apfeltarte und einen versenkten Kirschkuchen, für den labilere Männer töten würden. Wir schleppen uns ins Hotel »Goldener Engel«; später, von Ruhe erfrischt, geht es zur Lesung in den Historischen Ratssaal. Unsere Garderobe ist der Saal des Ältestenrats. So fühlen wir uns langsam auch an. Anschließend bittet Walter Deutsch großzügig in seine »WeinWunderbar« und lässt uns Pfälzer Rieslinge probieren. Sotscheck arbeitet sich zum Mirabellenbrand vor, als plötzlich ein Foto von ihm herumgeht und für Furore sorgt.

Das Bild, auf dem Display eines Mobiltelefons zu sehen, zeigt Sotscheck in der lokalen Bahnhofsbuchhandlung. Neben seinen Kopf hält er ein Buch von Dirk Bach, »Vegetarisch schlemmen«, auf dem Bach seine diversen Kinne präsentiert. Sotscheck, den Kopf gesenkt und das Kinn gegen den Hals gedrückt, posiert überzeugend als Bachs Zwillingsbruder. Nur das Wort »vegetarisch« wirkt angesichts der Fleischmassen auf dem Foto befremdlich.

Nachdem Sotscheck das digitale Erpressungsmaterial für immer unauffindbar verschwinden lässt, bringt uns die Regionalbahn von Speyer nach Mainz. Da der Zug randvoll quietschender Schüler ist, suchen und finden wir Ruhe in der ersten Klasse. Kein Schaffner kommt, die Bahn lädt uns ein. So ist es oft: Das freundliche Personal macht am Kunden gut, was Schurkenmehdorn zuvor an ihm verbrach.

Donnerstag, 16. März: In Mainz streiken die eigenen technischen Geräte, kolumniert werden muss also im Internetcafé. Hier gelten andere Gesetze als im Zivilleben. Am Computer rechts nebenan lässt ein Ehepaar einen Säugling im Tragekorb brüllen und streitet nicht minder laut, wer von beiden ihn beruhigen muss und wer weiter am Computer spielen darf. Eine junge Frau begibt sich in eine der Telefonzellen im Lokal und beginnt ohne Umschweife zu schreien. Sie ist Italienerin und herrscht ihren römischen Freund an, er solle auf der Stelle nach Mainz kommen. Was für ein Temperament, was für ein Feuer, welche Leidenschaft – und was für eine Lautstärke! Vielleicht ist der Kerl ja ein Sausack und lässt sie hängen. Vielleicht hat er aber auch nur Angst um seine Trommelfelle?

In Rheinland-Pfalz wird ein Landtag gewählt, so ist auch die Landeshauptstadt mit Plakaten vollgepetert. Die REP-Nazis sind, wie das halbe Land mit ihnen, auf dem »Deutschland!«-Trip. »Deutschland ist geil«, so heißt eine ihrer Parolen, dazu sieht man eine obenrum eher dürftig bekleidete Dame, die ihre halb bedeckten Glocken raushängen lässt. Sind das noch unsere Nazis? Wenn das der Führer wüsste! Dann ginge es ruckzuck ab – in eines dieser KZ, die es angeblich nie gab.

Unser Leselokal heißt »Schick und Schön« und ist die ehemalige Wartehalle des Bahnhofs Mainz-Süd; wo früher Fahrkarten verkauft wurden, befindet sich jetzt die Garderobe. Der Laden feiert seinen vierten Geburtstag – und bekam am selben Tag die Kündigung zugestellt. Der Veranstalter nimmt es sportlich: 14 Tage Abschied feiern und dann weitersehen. Wir essen in einem Spätlokal, Rindswurstriemen (Droste), Pizza Döner (Sotscheck). Muss das denn immer sein?

Freitag 17. März: ICE Mainz-Leipzig, Bordrestaurant. Ein Fahrgast nimmt sein volles Bierglas mit ins Abteil, der Kellner hetzt hinterher. »Das ist verboten«, japst er. »Das mache ich seit zwei Jahren so«, kontert der Gast und verlangt: »Rufen Sie den Schaffner! Wollen Sie mich körperlich angreifen?« Unbeeindruckt entwindet ihm der Kellner das halb geleerte Glas, erstattet ihm den vollen Preis und kehrt, das erjagte Gefäß stolz in der Hand, an seinen Arbeitsplatz zurück.

Ankunft Leipzig 16 Uhr 40. Es schneit. Nicht nur Land und Leute sind wahnsinnig, auch das deutsche Wetter spielt verrückt. Es ist St. Patrick's Day, der Tag, an dem irische Amerikaner das Bier grün färben und anschließend austrinken. Unsere Gastgeber in der Schaubühne Lindenfels haben nicht nur Blumen, sondern auch frisches Guinness für uns – und zwei halbmeterhohe Guinness-Mützen. Oha.

Samstag, 18. März: Regionalbahn nach Torgau. Die mitreisende männliche Fußballjugend brüllt: »Der

Schaffner kommt, der Schaffner geht, der Schaffner ist ein Scheißpaket!« Die Schaffnerin kommt und stellt ganz kühl die wahren Verhältnisse klar. Weil man Torgau nach 22 Uhr mit öffentlichen Verkehrsmitteln nicht mehr verlassen darf, heißt es: Taxi nach Leipzig. Wie der Titel der ersten »Tatort«-Folge, mit Kommissar Trimmel.

Sonntag, 19. März: Mit dem ICE nach Berlin, das sich von seiner wahren Seite zeigt und es schneeregnen lässt. Schnee, in dem Hundsgekötertes zerfließt: dett is Ballin. Aber nicht mehr meins. Dass es zum Leben der Schönheit bedarf, hat sich bis nach Berlin nicht herumgesprochen; nur Blinde wie Wim Wenders wähnen hier einen Himmel. Ralf und ich nehmen Abschied – voneinander, von der Lesereise und von Berlin, im Café Kreuzberg, bei berauschender Musik und berauschendem Wein. Anderntags fliegt Ralf Sotscheck zurück nach Irland, und auch ich fand eine Antwort auf die alte Frage, wo ich mich hinwenden möchte.

ISBN 978-3-89320-131-0

Die Wahrheit über das rothaarige, sommersprossige und ständig betrunkene Volk am Rande Europas. Rasant, absurd, grandios, hinreißend.

www.edition-tiamat.de